萬里一空

あなたの人生に変化を起こす為の第一歩に

目　　次

第1話　物事をはじめる時には ………………………… 9
第2話　家族とはまた家庭とは ………………………… 10
第3話　毎日が平凡だと思っているあなたへ ………… 13
第4話　自分の策には自分が陥るという事 …………… 14
第5話　目の前に突然の嫌がらせ ……………………… 15
第6話　感情と理性の使い方 …………………………… 17
第7話　どうしてあのような人が ……………………… 18
第8話　眠れぬときは本当に寝なくてはの思い ……… 21
第9話　外の顔と内の顔 ………………………………… 22
第10話　自分に何を求めて生きるか …………………… 24
第11話　感情的に、又、何よりも欲望の強いもの …… 26
第12話　人間関係について ……………………………… 28
第13話　人間とは困ったもの …………………………… 29
第14話　目的をもって生きる …………………………… 30
第15話　一生懸命やったのに …………………………… 31
第16話　自分のことで気がついたことで ……………… 34
第17話　人として必ず日々の中に思いもかけない事に出会い
　　　　 ……………………………………………………35
第18話　良かれと思って ………………………………… 37
第19話　人は出会いを求めて生きる …………………… 39
第20話　人間は何のために生きるのか ………………… 40
第21話　人は二つのタイプに分かれます ……………… 42
第22話　突然大問題に直面したとき …………………… 44
第23話　我慢するとは …………………………………… 46

第24話	子供の成長	47
第25話	人生には受けとめ方によっては	48
第26話	人は人を裏切ったりしますが	49
第27話	今あなたは健康ですか	50
第28話	相手と向かいあう時の見方として	52
第29話	大変な問題が起きました時に	53
第30話	ここで少し内容を変えてみたいと思います	55
第31話	今を着実に生きることによって	56
第32話	動けないときには動かなければよいのです	58
第33話	真実が見えたとき悪は滅びる	59
第34話	姿を正してみれば、それに相応しいように物事のほうで動きはじめる	60
第35話	目先のことだけで考えてはならない	61
第36話	希望と理想	62
第37話	毎日、自然界の変化に心ここにあらずと不安を感じての生活が	64
第38話	日々の生活を心地よく生活することの一つとして	65
第39話	少しの努力で大きな幸せ	66
第40話	成功したときの言葉の中には	67
第41話	自分に自信が持てなくなったとき	68
第42話	寂しさの中に今があるとき	69
第43話	今地球は心配を抱えることにあります	70
第44話	傲慢になったとき人の人生は終わる	71
第45話	判断ミスをすると死ぬということ	72
第46話	判断力を身につけることによって	73
第47話	失敗をどのように受け止めそして解消させるか	74

第 48 話　自分の思うようにしたいと想ったときに…………75
第 49 話　物事には大切なものからの順位をつけることが必要か
　　　　　もしれない……………………………………………76
第 50 話　苦労をしたとか苦労していると思う………………77
第 51 話　自分の与えられた環境の中でいかに生きるか………79
第 52 話　物事を長くつづけていく方法…………………………80
第 53 話　今日のことは今日のこととして終わらせてみてはどう
　　　　　ですか……………………………………………81
第 54 話　自分はどうして何時もこうなのだろうと思ったときに
　　　　　は………………………………………………82
第 55 話　小さな努力で大きな幸せということです……………84
第 56 話　「後からやるから」はやらないと言っていることでも
　　　　　あるのです…………………………………………85
第 57 話　大切なものを大切にすること…………………………86
第 58 話　子供の成長で大変なのは反抗期のときです…………87
第 59 話　待っていては何も起きないということですね………89
第 60 話　よく人は相手のことに敏感に反応しては感情をむき出
　　　　　しにしやすいのですが………………………………90
第 61 話　自分の思ってもいないこと……………………………91
第 62 話　人は絶対なる信頼をもたれるとき……………………92
第 63 話　考え方、思い方を変化させる…………………………93
第 64 話　自分の思いが満たされたとき…………………………94
第 65 話　思い方と姿勢は違う……………………………………95
第 66 話　やれないことはやらせない……………………………97
第 67 話　人の生活を見すぎると自分の人生が振り回される…98
第 68 話　出会いは自分を知るためのチャンスである………100

第69話 迷いとは自分に負けたときに起きるもの………… 101
第70話 そのとき、過去の自分がどう生きたかが必ず見せられるものです…………………………………………… 102
第71話 人は何故　人の立場にたって理解をして協力できないのだろうか…………………………………………… 104
第72話 他人の不幸の方ばかりを見ていると ……………… 105
第73話 感じたことは大切にする ………………………… 107
第74話 思い切って自分を変える ……………………… 108
第75話 相手を見てムキになっている人 ……………… 109
第76話 人の死に出会ったとき ………………………… 111
第77話 やることがあって与えられる者は長生きする …… 111
第78話 己の心を練れば顔が変わる、顔が変われば声や姿も変わる…………………………………………………… 112
第79話 自分の心が大きくならなければ終わりだ………… 114
第80話 問題が相手と起きたときに ……………………… 115
第81話 自然にしていれば答えと繋がる ………………… 117
第82話 人間とは自分の業によって自分に振り回されている…………………………………………………… 118
第83話 やりたいようにやれるとは、努力の中にしか生まれぬ…………………………………………………… 120
第84話 生き物とはどのようにしようとも他の生き物に変化することは永遠に出来ない…………………………… 121
第85話 人の心の中には心の目があるという …………… 122
第86話 良心 …………………………………………… 123
第87話「一人になれるときこそが自由である」との思いを普通はもちませんか………………………………… 125

第 88 話 人が変わった ……………………………… 127
第 89 話 心配をするあまりに先暗示をしてしまい ……… 128
第 90 話 人は、自分を信じてくれる相手に大切とする思いを強くするものである ……………………………… 130
第 91 話 夢を実現させるには ……………………………… 132
第 92 話 やる前から悩むのは力不足にある ……………… 133
第 93 話 やってみなければ己の力は見えてこない ……… 134
第 94 話 表面とは氷山の一角というのと似たりである …… 135
第 95 話 苦しみを苦しみとするのは、判断できぬことから起きるのです ……………………………… 137
第 96 話 失敗するだけ、チャンスはそれを得られた証でもある ……………………………… 138
第 97 話 目的を完結させるには流れをつくり出すことにある ……………………………… 139
第 98 話 生きていたらいつか「いいこと」がある ……… 141
第 99 話 幅広く物が見られるように経験とはあるのです … 143
第 100 話 自然にしてなるものこそが本物であって ……… 144
第 101 話 確実にして達成し人生を自分のものにしていくのは ……………………………… 145
第 102 話 苦しみやそして悩みとは貴方の力を知るためのもの ……………………………… 146
第 103 話 人を疑えば逆に信頼をなくす ………………… 148
第 104 話 失敗とは宝である ……………………………… 149
第 105 話 心の向きによって幸せか不幸せか──天と地へと変化するのです ……………………………… 150
第 106 話 問題と思えることが起きたとしても ………… 151

第 107 話 思い通りであっても怖がらない …………… 152
第 108 話 人を疑えば本当のものは知れぬ …………… 153
第 109 話 微妙とは …………………………………… 155
第 110 話 人を不幸にするならば ……………………… 156
第 111 話 自然は力が味方する ………………………… 157
第 112 話 人が余裕あるように見えるときは ………… 158
第 113 話 人を見下せば己の品位をなくす …………… 159
第 114 話 不可能を可能にしていくやりかた ………… 160
第 115 話 自己主張が強く業が前に押し出される人物は … 162
第 116 話 人とは何か特別な人と違ったことをしようとする … 163
第 117 話 飾るとは自分を誇示するだけのものであって本物とは無し ………………………………… 164
第 118 話 達成感と満足感はことなるものである ………… 165
第 119 話 幸せになれぬ者のタイプがはっきりとして見えると感じる時とは ………………… 166
第 120 話 期待と希望を持ち続けるものとして考える …… 167
第 121 話 人間には それぞれに持ち合わせたクセがあるものです ………………………………… 167
第 122 話 一つの目標から目を離さなければ、どうしなければならないかが見えてきます ………… 169
第 123 話 人とは、何故それほどまでに人の幸せに対しておそれを持つのだろうか ………… 170
第 124 話 人は変われるのか …………………………… 171

まえがき

　日々の生活の中には嫌な事、つらい事、驚くようなことに遭遇してしまいます。その時に慌てないように、驚かないようにする為にその事をどのように受け止め、理解をし行動に移すかとする、一つの布石あるいは礎になってほしいと思います。

　落ち着いて受け止められるように冷静に判断し、次に行動に移せるようにとなるキッカケになってほしいと思います。

　あなたの人生に一筋の光になってほしいと思います。

　考え方ができてこそ人生はあなたの物にきっとなると思います。

第1話 物事をはじめる時には

　何事においても、事を始める時には、そのことについての目的をはっきりとさせ、又目標に対する意識をきちんと持たなければならないのです。

　なぜならば、今進む方向の爪先の向きがきちんと目標に向いていなければならないからです。

　目標に対する心構えが必要なのです。

　自分の目的について確かめる必要があります。

　それが欲のためにあるのか、そうではなくしっかりとした理由を持たなければならないからです。

　そのことがきちんと整理されたならば、いよいよ一歩を踏み出せば良いのです。

　何事も必ず行き先をはっきりさせる事によって、その方向に歩き始めるからです。

　後は黙々と目の前に現れることにまず取り組む事に心し、それが本来の目的に対しての方向とされる問題だからです。

　それは必ず次々に起きてくるわけです。

　ところでそれらのことを如何に消化させていくかとするための、判断または忍耐それに伴う継続をどうするかの毎日となります。

　そのことに自分を如何に活かせるかの生き方こそが目的達成の無駄の無い方法になります。

　ひとつの例として取り上げてみると、例えばピアノですと集

中力、感性、そして継続を身に付けることにより、この事が他のことにも活かせる習慣となり目的に向けて役に立つ訳です。

　何においても習慣をつけさえすれば身体の方で勝手に動き出します。誰もが経験することです。

　唯ここで大切なことは、その内容が問題なのです。

　だからこそ今言いましたようにしっかりと気持ちの整理をしなければならないのです。

　其の事だけに心することにより後はかなり自然な感覚を感じながら楽に解決させられるのです。

　ここで分かりやすいことを一つ言いますが、自分は何のためにことを始めるのかですね。

　自分を確かめて下さい。
　始めてみたくなりましたか、自分を知りたくなりませんか。
　どのような自分に会えるか楽しみです。
　是非その様になって下さい。
　自分に期待したいですね。

第2話 家族とはまた家庭とは

　家族とはまた家庭とは、そこは社会に対する自分にとっての訓練の場であると私は考えているのです。

　理由と言えば、社会に出て行く自分の為に人間関係をどのように働きかけていくかの自分の今を知るための最も良い場所と

してあると言っても過言では無いと思うのです。

　この様に言いますと当然分かる人もいるであろうと思いますが、敢えて申し上げる事に致しますと、どのような状態になっても、どうしても顔を合わせなければならないのです。
　またそのために何としても毎日の中で円満に過ごすためにも心を尽くさなければなりません。
　どのような不愉快なことが起きたとしてもそのままで過ごす訳にはいかないのです。
　そこで何とかしようとしなければならないと思うはずです。

　その様にし始めますと、色々な事を考えることになります。
　そこで一番難しいのは、自分とのそれは家族がゆえに気を許されるとの甘えがあったりすることで気を使わないとする自分の勝手な気持ちが優先してしまう為の葛藤が起きるのです。
　外で他人に対しての努力程がなされない可能性があるからなのです。
　ところがその事が大変に問題と言えるのです。
　また重要なことにあるのです。
　その時こそが最も貴方にとって自分を磨ける大いなるチャンスなのですから疎かにするのではなくその時こそが自分としっかり向き合うべき時なのです。
　せっかくのチャンスを無駄にすべきではないのです。
　チャンスとはこのように目の前にあって初めから大きなものではないのです。
　総てのことは点から始まり線そして面へと発展していくもの

であって、点こそがすべてと言える訳です。

　例えにある、お金の一円ほどの価値を持っていることになります。と言えば分かりやすくはないですか。

　このようにして全ては一から始まるのです。

　物事に対していかに目の前の事をおろそかには出来ぬかを知っておけば、どれほどの事に気付きまたやるべき事が見つかりそしてその事がどのように出来るかとなってくるのです。

　この様に考えを変えてみると当たり前に思うことをかなり見落としている事に気が付きます。

　知ってみるといとも簡単にすぎぬと思うでしょう。

　しかし貴方はその事こそが出来ていないと知ってみてはどうなりますか。

　自分の今をもう一度見直してみる必要が出来てくるはずです。

　それでこそ毎日やらなければならない事が見つかると同時に生きることの原点に戻れるはずです。

　探すだけでも何も見つからないのではありませんか、まずやるべき事をやってみればいいのです。

　貴方にこのメッセージを届けることが貴方にチャンスを今より以上に見つけていきやすくなるためのきっかけになればとも思いますが。

　何でも無いと思わずに自分としっかりと向き合って欲しいと思います。

　きっと貴方の何かが見えてくると思います。

今この地球上で戦争が起きております。

この事を機会に戦うとは必ずしも相手とのことにあるのではなく、自分自身とのものとしてその事を受け止めることが最も必要であることに気が付いてもらいたいのです。

今こそ貴方はこの状況を自分に向けるべきです。

今を生きること無駄にせぬためにも考え方として一言付け加えました。

第3話 毎日が平凡だと思っているあなたへ

女性は毎日同じ事を繰り返しながらの生活でつまらないと思っている人は多いのではないですか。

何事においてもその事をどう受け止めるかによってかなり異なった方向に物事が発展していく事を知っていますか。

例えばどうでしょうか、一人の人材を育てる事の難しさを男性は身に染みながら日々葛藤し、そして良い人材を探しているものです。

仕事に適応出来る人材を見つけ出す事又は育てられる人物を、仲間は尊敬し信頼を持ってその人物の側で身を挺する事を望むものです。

その人材を生み育てる事こそが貴女なのですよ。

どうですか、責任のある、又世の中に対してこれ程大きな使命を持って貴女は日々奮闘しているではないですか。

これでもつまらないと思いますか。

教育についても良い学校とか良い職業とか親の夢を膨らませ

ながら子を育てることは楽しいことではありますが、又誇りと安心感ともなりますが、そこをそれだけではなくもっと広い視野を持ちながら子供の個性や適正を見極めながら自分の子供を見守っていけるのは貴女しかいないのです。

このように見方や考え方を大きく変化させてこそ貴女自身が貴女の生き方とも向き合っていく事が大切となり心に何かを感じることが出来ることになりませんか。

となれば毎日何をして過ごすかはきっと見つけ出せるはずです。

退屈な気持ちではいられません。

如何ですか、貴女の生き方に社会は大いなる期待を持って見守っているのです。

第4話 自分の策に自分が陥るという事

貴方は、自分の策には自分が陥るということを勿論知っていますね。

その時にはうまくいったつもりで、それで又やってみようなどとは絶対に考えないでいてほしいですね。

人間には潜在意識という働きがあって、表面意識では自分では意識していないといいつつも貴方のその意識がしっかりとそれを記憶してしまうのです。

そして、表面意識は意外にも僅かでしか働かず あとの多くは潜在意識で人間の意識は働くことを憶えてほしいのです。

見たもの、聞いたものは 確実にこの潜在意識になって貴方

を支配するのですから、良いことや希望をしっかりと意識しなければならないのです。

そうなりますと、人の幸せに妬みや嫉みなどをもったり人の不幸ばかりを期待することになりますと、しっかりと貴方の心の中に入り込んで、貴方の人生はもはやその思い方が貴方の人生となっていくことになり、作られていくとなれば大変なことだと知ってほしいのです。

確かに難しいとは思いますが、少しの「思い方」「考え方」で人生が変わるのであれば「心のもち方」だけです。

目の前の人こそが 貴方の人生の友となりませんか。

自分を大切にしてほしいと思います。

第5話 目の前に突然の嫌がらせ

貴方の目の前に突然、嫌がらせをしてくる者がいますと そのためにイライラさせられたりしませんか。

あるいはとんでもない干渉を向けてくる事など、生活にかなりの影響を感じることにまで平気で向けてくる者などです。

この事は日常どこにでもありうる事で毎日でも起きるほどにありますが、この事が貴方に何をいわんとしているかをお話しますと、この事については思いもかけない大きな意味が隠されているということです。

それは貴方を守るためにあるのです。

信じられますか。

それでは説明します。

　その感情に必ずどうしようかと思うはずです。又、どうしてなのか等、こちらも無関心ではいられない感情が自分を支配したりしますね。
　その感情は貴方のこれからの意識を呼び起こすためにはかなり都合の良い事になります。

　例えば、気を使う事なく自由になりませんか、思う存分にやりたい事がやれる事になりますよね…という風に心するのです（断っておきますが、勿論常識の範囲に限りますよ）。

　そうして、又、考えるキッカケですね。
「文句になる」のか、あるいは「自分の存在が人の中にあるのが証明され、はっきりした」との思い方など受け止め方はさまざまになりますが、このような言葉があるのを知っていますか。

　『妬むなら人をいじめるな。
　何故なら、その相手が頑張ることを考えることになって
　今以上に力をつける方向を見つめはじめる事になるから。』

　このように、力をつけるキッカケになるのです。
　又、そうしなければ受けるだけでは面白くない訳ですよね。

　如何ですか。

自分を改めてみる事に力を使ってくれていると思えば、これはこれで都合が良くなりませんか。
　世の中に無駄なこと何一つ無しですね。

　冷静になる良いチャンスである事に気がつきましたか。
　そのような事をする者が、いかに無駄な抵抗だと気がつくのかはわからない事ですがね。

　知って良かったと思えたのならば安心です。
　貴方の人生は今日からです。
　貴方らしく見事に乗り越えてみては。

第6話　感情と理性の使い方

　感情と理性の使い方が人の生き方にどれほどに影響を与えるかです。
　理性だけではいかず、その上感情で物事をみますと人を傷つけやすくなり、又、それだけに自分をも傷つけてしまいますがそれがわかっていてもどうしても起こしてしまうのが感情になります。

　感情とは、もともと邪魔に感ずるものでして、これこそが貴方を日々悩ませている厄介なものですね。
　感情の持ち方が如何に人生を支配するとかまで思いつつ、どうしても自分に勝手についてきてしまうものなのです。

無責任な言い方に聞こえるかもしれませんが、その状態こそが貴方の今なのですから、如何にこの感情を活かしていくかと考え直す時にこそ理性が必要となるのです。

　そうなりますと、どちらを多く使うかでどちらも大いに活かせることになり、お互いがバランスよく働きかけることにして上手くコントロールされてこそ、かなり貴方は自分の思い通りに物事がかなえられることになります。
　どちらに偏ること無くバランスの取れた生き方を貴方自身で見つけ出す事でしかありません。

　しっかりとやってみることで人生が変わるならばやれますよね。
　そう思ってみませんか。
　是非に気をつけてみてほしいのですが。

　良い感情は良い理性から生まれるように思います。
　冷静さとゆったり感をもってみては如何でしょうか。

第7話　どうしてあのような人が

　どうしてあのような人が幸せになったり、人よりも良い事が起きたりしているのかと、貴方はそのような人を見たときに一度考えたり想ったりしたことはありませんか。また、時折は悔しがったりすることがありませんか。

第7話　どうしてあのような人が

　そして、その事で自分の人生を嘆いたりするところまでもっていったり、妬み嫉みまでもったりしてその気持ちを発展させてはいませんか。

　誰にも経験のあることではないですか。
　また、その事が頭から離れずに自分を持て余したりしませんか。
　思い当たりますか。

　しかし、これは当然ながら誰にでも持ち合わせる事です。

　このような場合、その事をただそう想うだけではなく、その時こそ冷静にならなければいけないですね。
　見た目だけ、要は表面だけに気をとられるのではなく、自分をその人に置き換えてみるのです。
　自分がその人物でやれるかどうかをです。

　すると、今まで考えていた事がかなり感情的に見ていた事に気がつくはずです。
　やれないかもしれない事に気がつく。
　そうであれば大変に意味のある事として貴方のなかに残りますね。

　そこからなのです。

　それでは自分はどうしなければならないか、どうする事によって自分の求める自分になれるのか…と、気がつきはじめませんか。

いかがですか。
　何かしなければと想うことからやることがみつかりますね。
　そこで、気の散っていた事から目標が見つかりやすくはありませんか。
　いかがです。
　他ばかりに目を向けていた事によって自分の事を忘れていませんでしたか。

　己を他の人と同じなどと想って、自分を見失う事ほど愚かな事はないのです。貴方は貴方でいいのです。
　その方が、貴方自身を他から見て最初の人物と見られる事になるのです。

　このように、もう少し自分を大切にすべきなのです。
　目標の見つからない時には、一度このような事を思い出してみては如何ですか。
　そうすれば、きっと貴方が見えてくると思いますが。

　そこで最も大切な事とは、まず自分の与えられた環境のなかで如何に楽しく豊かな気持ちで過ごすかに時間を活かすことです。
　どうする事でそのことを可能にさせるかです。
　その事を想う事により、本当に人の事などに気を取られてなどいられなくなります。
　その事をやってみますと想わぬほどの事に満足の出来ることが見つかるものです。

その中に必ず自分が見えてくるはずです。
　その事を見つけ出す事こそが貴方の望みなのです。
　一度、心してみてください。きっと、何かを感じ、そして今まで気がつかなかった貴方自身に会えるはずです。
　そうなると、面白く楽しい事が次々に見つかってくるものです。

　点、線、面と発展する事になり、それが習慣になれば継続だけ心がけることに集中する事が出来るはずです。

　あなたの努力に期待します。
　そして輝いた貴方が生まれるのです。
　どのような自分に会えるか楽しんでください。

第８話　眠れぬときは本当に寝なくてはの思い

　眠れぬときは「本当に寝なくては」の思いとの葛藤がはじまりませんか。
　何とかしようとするほど皮肉にもますます眠れなくなっていくのに腹立ちが起きてしまい、少しもいい事とはなりませんね。
　そのようになってしまったならば無理には睡眠は要らないのです。

　それはなぜかといいますと、概ねは体力は維持されていたりしますから心配せずに思いきり起きてしまった方がいいようです。

そして疲れる事を考えるのです。

　本を読んだり、テレビをつけたり、慣れない日記を書き始めるキッカケをもったりなど、いくらでも静まりかえった空気の中で貴方だけの時間を独り占めできることを楽しんでみると、何だかこの事が得したような気持ちになる気分を、貴方にも是非味わっていただきたいですね。
　この広い空気の中で、誰か知らない人と共有しているかもしれないと思っただけで寂しさなどどこかに去っていってしまい、また、そのような気持ちで過ごすのも落ち着ける事の面白い時間になりますね。

　この時間は、本当に後に何かしら残せる事の有意義とも言える思いがけない事をさせてくれるものです。
　活かしてみては如何ですか。

　このように繰り返す事になったら、昨日の事がまたやれる訳ですし、つづくようであったらその内に本気でやり始める事にもなりかねませんよ。
　眠れなかった事が自分への知恵の報酬へと変わる様子に気がつくのを楽しんでみてはどうでしょうか。

第9話　外の顔と内の顔

　人には外の顔と内の顔が大きく違う人がいますが、外の顔が

いい人物は、おうおうにして家族にはかなり我がままになってしまいがちです。
　この事は家族にとっては大問題です。

　やさしさに欠けますし色々な気配りにも気がつきません。そうなりますと、家族はそれだけに気を使うことが多くなってしまいますから大変です。
　思い切り自分を主張されるだけでは家の中だけに自分勝手になりやすく、益々行動されてしまうとなればこちらが言いなりになる事も多くなります。

　思いやりの無い一方的な態度はだんだんに辛くなってしまいますから困ってきます。
　その事によっては家庭の中に暗い空気が漂ってしまい、楽しいとか明るい雰囲気を壊してしまいます。
　こうなりますと当然ながら家庭不和まで起こしかねませんし、時には破壊まで発展する可能性につながるとあれば大問題です。
　少し大げさに言いすぎる気はしますが、これだけのことを言いませんとそのような事は解決しにくいのです。

　そこでなのですが、出来る限り自然な態度にして、両方の姿勢があまりにも変わり過ぎぬように努力を心がける事を求めますね。
　これは自分を良く見ていなければ判らない事ですからそのためにも大切なのです。

そのことを理解し心を持つ事によっては、これまでに気がつかずにきたときよりも、はるかに良い方向に結果が生まれ始める事になります。

　なぜならば、この事は本人のためでもある訳ですから決して無理な注文ではないはずです。
　本人も家庭の平和を願わぬはずはないでしょうから。
　そして、この事をいつも当たり前としてやれている人達もいるのですから。
　貴方も自分に負けることなく幸せを求めてはどうでしょうかといいたいですね。
　そして、今までの貴方に心してみる事で、きっと思いもかけない経験が出来ると思いますね。
　家族の幸せの手伝いとなればよいのですが。

第１０話　自分に何を求めて生きるか

　自分に何を求めて生きるかを考えたり、自分のためにこれまで何かしてやれてきたか、と思い出してみて改めてみるのも必要な気がしますね。
　忙しい今の世の中の流れに気を取られながらその事だけに目を向けざるをえない日々にあって、この事は見落とされがちではないかと思いませんか。

　生活の厳しさは当然ながら仕方のない事ですが、ゆっくりと

第10話　自分に何を求めて生きるか

考える時間を持つ事をすすめますね。
　改めて考えてみても考えが浮かばなかったりするのには驚かされますね。
　一度の人生を、自分のためにそういえば思いつかない、とあっては空しいものになりかねませんね。

　それでは、忙しさをどのように受けとめるかのヒントを貴方におくりますと、例えば、仕事が順調にはかどらなくなった時の解釈の仕方ですが
　貴方は、心配したり時にはあせったり、そのうえ何か手を打たなければと緊張したりしませんか。
　それは当然ですね。
　ところがそれはとんでもない受けとめ方なのです。

　その時の貴方は完全なるエネルギー切れを起こしているのですから、そのために充電のための大切な空間とすべきなのです。そして、その時を、思いきりゆっくりしなければなりません。

　なぜならば、それだけの時間が長ければ長いほど貴方のエネルギー切れを起こしている量を示されている状態にあるのです。
　考えてもみなかった思いがすると同時に、次に貴方にエネルギーを必要とする仕事や、与えられるべき用件などが待っているとの暗示と思えばよいのです。
　そのための準備期間であると理解しなければならないのです。
　心配無用とし、その時こそ日頃やりたいと思っていた事や

放っておいた物事などを楽しんで整理する時間にすればよいのです。

　それでこそ空間をもっとも生かす方法となるのですから、そのようにして時間を生かし、今の自分と向き合いながら無駄なく過ごす中に答えも見付かることに出会えるチャンスとは何とも素晴らしい事だと思いますね。

　自然の流れにのって貴方の人生が長くあればと思いますがね。焦れば見えなくなりますよ。

第１１話　感情的に、又、何よりも欲望の強いもの

　感情的に、又、何よりも欲望の強いものから始めたことにあっては、必ず答えまでもが意味のない悪い結果でしか終われない事になってしまう。
　これほど危険な事はないのです。
　ただただエネルギーの無駄といえる訳です。

　自分の立場を利用する事ほど、愚かで、傲慢で、見ていて不安となり、その者の存在ほど危険なものはない、と感じさせてしまうのです。

　使命と考えるものでなければならないのです。
　又、そう考え受けとめることによって、何をどうしなければ

ならないかが見えてくるはずです。
　そして判断できる事になるのです。

　立場を私物化するのは、それだけの力をもたない、又、人間としての叡智をもっていない事になるのです。
　恥ずかしいまでの自分であることに気がつくべきです。
　なりたくてなれるものではないのです。
　日々の努力により自然と与えられるものでなければ本物とはいえないはずです。
　ところが、このような考え方に多くの者は反発するようですね。
　その考え方や受けとめ方はナンセンスと、時には間違いとさえにして、きっと抵抗を感じることでしょう。

　貴方はどう思いますか。
　立場をもう一度、何故自分はここに立っているかを考え直して、そして、人々のために自分は何をするためにここにいるのか、を今一度見つめなおしてください。

　理想主義だとお思いですか。

　貴方の立場が大切なものであってほしいと期待するからです。
　貴方が本当に選ばれた人であってほしいのです。
　又、人にそう思わせてください。

第12話　人間関係について

　人間社会にあって最も困難で、又どんなにか発展し難いかを考えさせられる事として人間関係があげられると思います。
　このことについて触れてみます。

　人と良い関係を保てる人物に対しては、大いなる期待を感じさせるものです。
　その人物と一度向き合う機会に期待しませんか。そして又、そのように感じる人物に出会うことは、人生の大いなる幸運と言えますね。

　もし、貴方がそのような人物を見かけたならば臆せずに、どのようにすると自分の身近にその人物を置く事が出来るかを考えてみて、自分を振り返る機会にしてみると良いのです。
　しかし、当然のことながら簡単にはいきませんね。

　そこでですが、一度自分をその人物と並べてみて、想像するとどのくらいの違いが見つかるかがわかりませんか。
　そうする事によって、今の自分はどのような努力が足りていないか、そして、どれほどの内容に違いを感じるかに気がつき又、知れば貴方の夢もそれほど遠くはないという事になるとして、思いきり心してまず努力を進めなければなりません。

　しっかりと気がついた課題によって貴方自身がその人物に出会えたからこそとして、素晴らしいものを身につけていける機

会になれば、又、そのような成長をさせられる人物であってこそ得る事が大いに与えられることになれば、その人物は本物の価値ある人物として、貴方にとっての存在である事を示されるものとなりますね。

　それだけでも貴方はその人物を意識した事は大いに良い状態で残せますね。
　素晴らしい出会いとはこのようにして言えることであり、又、それでこそとしたいものです。

第１３話　人間とは困ったもの

　人間とは困ったもので、人のやる事を敏感に感じとっては、それを阻止し邪魔だてを企てる事で、自分の出来ない事をつぶしにかかろうとする卑しいものをもっているもので、その時の感情は何ともいえぬ失望に堕ちることを経験した事はありませんか。
　石原都知事が、そのことをたびたび口にする場面を目にしました。
　又、小泉元総理にもあった事を記憶しています。

　何故にそのようなものの見方しかしないかと思いませんか。それならば、それだけの思いをなぜ自分に向けてやらないかと不思議に思いますが、それこそが人間の最も人間らしい部分と言い切ってしまうと、それだけの事になってしまいますね。

では、それを何とかしなければならないと考えますと良い考えがあるのをお教えしますね。

それは、自分のなかで常に理想と希望をしっかりと刻む事です。
それを常に確かめながら持ちつづけるのです。
そして、継続する事に時間を使えばよいのです。

これで、しっかりと貴方は貴方だけの望みをかなえられることの可能性をものにすることの約束ができた事になります。
いたずらに他人の事ばかりに気を取られ、又、気を散らすことに生きる者には決して得ることのない自分だけの世界を保つ事こそが　貴方に与えられる素晴らしい生き方となり、実現の約束がなされたことを、貴方が必ず経験される事は間違いのないことを知るはずです。

　心してみては如何ですか。
　確かなことに気がつく時の貴方の顔が目に浮かぶようです。

第14話　目的をもって生きる

目的をもって生きる。
　そのことを見つける事はかなり難しく思いますが、まず何がやりたいかでよいのではないですか。
　小さなことからはじめてみるのはどうですか。
　ぼんやりとしているのとはかなり違ってくると思いますね。

勿論、目的だけを見ているとは限りませんが、目的をもちながらであればその事も大切になりますが、生きるなかで何が最も大切かといいますと「時間」ではないかと思います。
　今のこの瞬間はもう二度とは帰ってきません。
　取り戻す事もできないのですから大切にしたいですね。

　それならば当然ながら目標をもつほうが良い訳です。
　後になってやっておけばよかったと後悔する事ほど辛いものはないと思いませんか。
　心した事に対しては、結果がどうであっても心地よい満足感だけは残せるはずです。

　このようにして少しずつ経験を重ねながら目的を探し、だんだんと楽しさが身についていく中で自信を大きくしながら貴方の本当の目的が見つけ出され、そして、やってきた事が経験となって達成されていくのです。

　目的とは時間を如何に大切にするかと考えたときに見えてくるものでもありますね。
　今日も目的を探す事で楽しく学んでみてください。

第１５話　一生懸命やったのに

　一生懸命やったのになんでだろうか、との想いにかられた事はないでしょうか。

ただただがむしゃらだけではいけないにもかかわらず、そうしてしまいませんか。
あるいはそうしていませんか。

　このことについて最も避けなければならないのが、こうした考え方です。
　こうした考え方自体に問題があるだけでなく、受けとめ方に思いもかけない問題が含まれているのです。

　最も大切なのは「結果」なのですから、その結果がよくなく、また、結果に満足がいかなければ意味がないことです。
　そこで、どうしなければならないかということに気がつかなければなりません。
　あくまでも結果を出したい訳ですから、また良い方向に進ませたいのですから、しっかりとした状況判断をもたなければ何の意味ももたなくなるのです。

　そうですね。そこでなのですが
　なぜ良い結果がでなかったのか、また、出ないのかの原因をさがす事です。
　でなければ、一生懸命にやったとはならない訳ですからそれならばと考える事です。
　それは、無駄な「考え」や「やり方」であった事にすぎないと思わなければなりませんね。また「やり方」がどこに無駄があり、あるいは「方法」が的確だったのか、とさがす必要があるのです。

第15話　一生懸命やったのに

「どうすれば結果をだせるか」と、このように考えをもたなければ何にもならない訳ですから、今このように言いましたことを一度気がつく事が何よりも大切な訳です。

　物事を進めていくなかで、どうしても流れが良くないと感じた時には、それを無理に突き進むのではなく、また、同一方向に推し進めるのでなく、一度立ち止まってみるとか、あるいは違う方向に向いているのではないかと見直してみる、また考えてみる。
　そして、もう少しはっきりとした言い方をしますと「止めたほうがよいですよ」の先暗示ともいえるのですから、その時にはきちんと感じたとおりにしてみる事、また、する事ではないかと思いますね。

　一番わかりやすい事を言いますと、例えば大学受験などがわかりやすいと思いますが、希望の大学が受からずに落ちたと思いますよね…
　そうではなく、「そこは貴方の行くところではないですよ」、また「貴方の行く方向ではない」と、もし言われているとすると、これこそが貴方の人生の最も進むべき方向を示し暗示していると思うことが出来るならば　何とも素晴らしいことにならないですか。

　如何ですか。
　貴方の人生がこのように誘導されていることを知る事は、一生懸命なればこそと言えるのですよ。そのことを知るキッカケ

を自ら掴み取ることへとつながったのですからね。
となれば、どれほど「活かされた努力」になるかではないですか。何事においても一生懸命こそが貴方を導いてくれることを知ることです。

　一度、想い切ってみては如何ですか。

　貴方の努力に実り多からんことを。
　心より一生懸命でありますように。

第１６話　自分のことで気がついたことで

　自分のことで気がついたことで、どうしてもその事が出来ないときは、諦めるのではなく、先ず「その事を今日１日だけやれればよい」との思い方で生活するのです。
　そして、丁寧に１日を見ながら考え通りにやれているかを意識してみるとよいのです。

　思い方の難しさには抵抗があるわけですから、なかなか思い通りにはいかないものですが、それだからこそそれを心しながら気を散らさぬように１日に気を向けなければならないのです。
　時々はやれている事に気がつき始めますと、楽しい気持ちになると同時に嬉しくなると思いませんか。
　そのように始まっていけてこそやり甲斐を感じ、そして貴方が貴方の目標についての足がかりになる事につながる訳ですから、それを大切にしなければいけないのです。

やれないと思う前に「やる」ことではありませんか。
　目の前の事とはとても重要な事であって、探し物ばかりをしていてはいつまでたっても貴方の人生をふいにしてしまいかねませんね。
　それほどまでに貴方はやることがたくさんあるのですよ。
　退屈などと言っていてはもったいないと思いましたか。

「人生、貴方のものです」と、聞いた事もありますね。
　この事で如何ですか。
　そのような気持ちになりましたか。
　思い通りになりそうな気がしてきませんか。

　やることですよ。
　今日１日でよいのですから早速やりだしてみましょうか。
　期待していいですよ。

第17話　人として必ず日々の中に思いもかけない事に出会い

　人として必ず日々の中に思いもかけない事に出会いますね。それも時として想像もつかない、まさか自分に起こるはずがない、他人事と思っていた…はずの事が自分に降りかかった時を想像しますとき、貴方はどうしますか。
　また、現実となったときに貴方はどうしますか。
　貴方はどうしましたか。

今まで無かったとしても、長い人生に向けて考えませんか。
わが身に起こる事を、その時に自分はと。
　また、身近な周りに出会った人を見たときにさえも、きっと貴方はその時の自分を自分ではないとの思いになったりはしませんでしたか。

　そのような時にどうしてもしなければならないのは、出来ないとは言わずに、先ず、何としても自分の気持ちを落ち着かせるのです。
　先ず、それを精一杯にやるのです。
　自分に言い聞かせるのです。
　そこが助かるかどうかの、まずは起点になるのです。

　難しいですよね。
　それでもそうしなければなりません。
　判断を何としても持つためです。

　この事は、毎日の生活のなかでも訓練することはできます。
　簡単には出来ないとお思いでしょうが　それでもやらなければ駄目なのです。
　それほどまでに、日々の生活は緊張が必要なのです。

　ところが、これも慣れでして、繰り返すうちにそれほど大変ではなくなるのです。
　当たり前になってしまえば本当に楽ですからね。
　それは潜在意識が憶えてしまいますから、またそうなるまで

心してください。

　この事も貴方の人生にどうしても必要な訓練ですよ。
　日々、このようにしなければならない事は幾らでもあるのですから退屈な時には確かめてみませんか。
　一つの提案です。
　自分にとって得なる事ではないかと思いますが。

第１８話　良かれと思って

　良かれと思って自分の事よりも他の者のために自分の時間やエネルギーを使い、その結果、少なくとも相手が良くなったと同時に、その後相手はこちらの事を何も無かったかのように軽んじたりする姿勢に出会いますと、自分のした事は一体何であったかと思うことがあります。
　心している時には結果を求めていた訳ではないとしてもですが。

　だからこそ、貴方はやれたはずですね。
　しかし、相手がその後の心に変化を見せたときは驚きを禁じえないでしょうが。
　特に結果を求めていなくても少し辛い思いが残るかもしれません。

　ただ、ここで一番考えなければならない、また、大切なことは、その振る舞いによって自分の心したことを、今後、どのこ

とに対しても止めようなどと思わないことです。
　どうしてかといいますと、目の前のことだけで答えは出ないということなのです。
　それでなければ、貴方のした事が活かされないからです。

　今回は、その者がそうであっただけのこととして考えてみれば、それが為に自分の個性を見失う方がどれほどの損失となるかなのです。
　また、貴方はその事を楽しんで行動したはずですし、その時の貴方は輝いて見えたはずです。
　そのような貴方がいなくなることを考えなければなりません。

　それならばどうする事に気をつけるかとなりますが、この経験を活かすべきなのです。経験した者にしか判らない、また、出来ない事を見つけるべきです。
　それこそが貴方なのですから。
　そのように考えることで、機会が与えられたことこそが貴方の人望と言えるのですから。
　考え方一つによって　貴方には今以上の貴方が生きていけるのです。
　そう思ってみては如何ですか。

　ここで一つ
　『「言って」又は「やった」ことは倍になって我が身に帰る』ことを経験してみてください。
　良いことのほうが当然望ましいはずですから…そうは思いま

せんか。

　貴方を信じる人は必ずいます。
　そして判ってくれる人がいます。
　誰かが見ていることを忘れずにいればいいのです。
　何よりも「結果的に自分のことになる」と、忘れてはいけないのです。

第１９話　人は出会いを求めて生きる

人は出会いを求めて今日を生きることにありませんか。
　ところが自分が求めたいような出会いはほとんど無いですね。
　出会いとは、人そのものを求めるのではなく、自分の目的の中にあってこそとなり、また良い出会いとはそのようなものでなければならないはずです。
　目的なしではあまり感心しませんね。

　それでは、自分の人生に対する大きな存在となってもらえるための大切な出会いでなければならないとするならば先ず、好みにとらわれるのではなく印象を大切にしなければなりません。
　その人から発するもの、それは、その人物が如何なる人生を、また、如何なる生き方で歩いてきているのかに大いなる興味をもつべきでしょうね。
　興味というよりも関心という言葉がふさわしいかもしれませんね。

関心をもってみるのです。
　輝きとは必ずその人物が如何なる生き方であるかを絶対としますから、遠慮なく観察することです。
　貴方もしてもらえば良いのですから。

ということになるために、日頃から自分の事を、そのようになった時のために心しておかなければならないはずです。
　本当に、どのような人物に出会ってもよいようにです。
　常に、如何に自分らしくいられるかです。

あまりにも難しいことといえませんか。
　そうですね。
　しかし人生は一度のことです。
　貴方が貴方の人生を変えてくれる出会いを求める限りは、仕方のないこととは思いませんか。
　大切な貴方の出会いは貴方の生き方のなかに存在するのですから、また生まれるのですから。

与えられる出会いもありますが、それもまた日頃の生き方を築くことでしか与えられませんよ。
　本当に、出会いで人生は創られますよね。

第２０話　人間は何のために生きるのか

「人間は何のために生きるのか」と聞かれたら、貴方はどう

答えますか。
　何とも難しい質問だと思いませんか。
　それとも考えたことはないですか。
　一度考えてみてもいいのではないかと思いませんか。
　そうすることで生きやすくなると思いますが。
　目的が見つけやすくなるはずですがどうでしょう。

　それでは、私なりに考えたことを言ってみます。
　そして、それはこれまでそう思いながらやってきたことで、かなりの成果があったと思うことです。

　人生とは人間形成、主に人格形成でもある訳です。
　先ず、自分の望む人間像を描くのです。
　自分の中に理想を描いてみると、それは見えてくるはずです。次に、それを形にし、入ってみることを心します。

　それをつづけてみるのです。
　そうしているうちに本当に自分が望んでいる人間像であるかどうかがハッキリしてくるのです。
　それがそうであることに満足するものであるならば、それをつづけ、力が継続する気力をもてばよいのです。

　そのことにより、常に自分の姿を知る事ができます。

　かなり自分が見えてきます。
　そのことに対して今何が必要かわかります。

そこで、それを求めればよいのです。
ということですね。

そうなりますと、習慣ができてきますといつの間にか「それが」自分のものになって、「その者」がいつの間にか自分自身になります。

如何ですか。
少しは貴方の気持ちになれたかと思います。

このような事に向きあう時、何よりも問題になることは、自分の「自我」ですね。
あるいは「クセ」、自分の持っているどうにもならない「業」。
それに悩んでしまい苦しみをもたらすところです。
また、そのことが貴方の人生の波をつくる事になります。

そのために、この事をやってみればよいのです。

第２１話　人は二つのタイプに分かれます

人は二つのタイプに分かれますね。
大まかに分けてですが、「やらされる側」と「やらせる側」にです。
なぜかしら、いつの間にか人の事でさせられてしまうことが回ってくるのです。

どうしてもなのです。
　貴方はどちらのタイプですか。

　しかし、このように表現すると、何か片方は常に損ばかりしているように見えませんか。
　もしも、それが自分であればそのように感じる事になりませんか。

　何でなのかと思うかもしれませんが、「やらされる側」だと感じたならば、もう貴方はそれを避けるわけにはいかないのですから、そのタイプと分かったならば思い切りなりきった人生を生きる方が良いのです。
　中途半端な考えをなくしてしまうのです。
　そうする事で、それでこその人生を生きることになるのです。

　損とか得など考えてはいけないのです。
　それは、貴方を必要とする相手がいるからであって、貴方に助けてもらいたいとしているのです。
　大切なのは求められてこそですよ。

　自己満足のために、勝手に思い込んで行動してはいけないのです。
　必要とされたならばその時こそ自分の出来る事、又、範囲で誠実に誠意をこめて心することです。
　勝手に思い込んで行動しますと、後から感情で相手を見てしまいますね。

また、それでは「やらされた事」ではないのですから、それは相手の求めていた心配りではなく、ただ単にこちらの自己満足に過ぎなかった事であったと思わなければなりませんね。
　その事をしっかりと受けとめる事が最も必要になります。
　そして判断するのです。
　感情的に動いてはいけないのです。
　そうする事で何ともいえぬ喜びが与えられてくるものです。

　このように、自分が「やらされる側」に立って物事を受けとめられることは素晴らしいものになりませんか。
　後になれば自分が活かされたことに気がつくはずです。

　如何ですか。
　思いっきり受けとめてみませんか。
　素晴らしく貴方の人生が活かされてくるはずです。
　やらされてみては如何ですか。

　受けとめ方で人生は変わるものですから大切にしてみては。
　出来る自分に敬意をはらってください。

第２２話　突然大問題に直面したとき

　貴方が突然大問題に直面したときに、きっと人間の弱さが邪魔をしてしまいませんか。
　悪い考えの方向に見てしまうとか。

第２２話　突然大問題に直面したとき

　期待しながらでも、時として否定的になったりしてしまう事もあるほど上手く物事に考えをもてず、何も手につかなくなりませんか。

　そのような時の解決方法になることとして、先ず一つはマイナスの答えとプラスの答えを考えることです。

　右の手と左の手に貴方の答えをもってみてください。
　いったん持ってみると意外にも安心して落ち着くものです。
　それならば、どちらの答えが出たとしても良いような気がするものです。

そうなれば、落ち着いて時をまてば必ず結果は出るのですし、解決せぬ問題はないのですから、その時に備えながら期待しておけば良いのです。
　どちらかに答えが出ることに解決方法を見つけ出しておくことが必要でもありますが、その中に、これまでの経験した事、乗り越えられてきた事を思い出し、一度自信を取り戻すだけの余裕が与えられるはずです。
　分かっていた事をもう一度判断してみては如何でしょうか。

　どうでしたか。
　貴方の今日に力となりましたか。
　それならば嬉しいのですが。

　これで貴方も大きくなれましたね。

第23話　我慢するとは

　我慢するとはどのようにあるかと、又、どのような姿勢に対応する事かを考えたときに、多くの場合じっと耐えることにより全ての事を受け入れてしまうと考えがちではないですか。

　相手のことを思いのままに見守るというように考えませんか。
　自分の本意でなかったとしても何としても言わなければならないとする時に、又、行動をとるために自分を捨て切ってしまったときにも、それは大いに我慢といえることではないかと思います。

　その状況にある時に、もしそこに感情が優先すると感じたならば、もはや我慢の枠を外してしまった状態に変貌しているのですから、その時には自分を取り戻す必要があることにいち早く気がつかなければなりません。
　まさに、自分との葛藤にして起こす行動についてのものが我慢といえるのではないですか。
　これこそが我慢でしょうね。

　何をもってどのような姿勢が貴方にとっての我慢とされるのか、今一度考えてみては如何ですか。
　思ってもみなかった考え方になりますか。
　どうでしょうか。
　ひとつの考え方としてみては。

第24話　子供の成長

　子供の成長は本当に目をみはるほどの速さで変化していきます。
　昨日出来なかったことを今日はやれてしまう。
　親の方がのんびりとしてはいられないほどに成長の勢いは素晴らしいものです。
　しかし、そこに落とし穴があるのです。

　まだと思っていても子供の方はどんどん変っていくのです。
　喜びと嬉しさを、たくさん周りに与えてくれますが、この時に思わぬ出来事に出会いやすくなります。

　それは、子供が親の思いどうりにはならなくなり始める時期です。そして、怪我や事故につながるほどに動きが活発になり動き回って何処へ行くのかわからないことになります。
　そのために、親の方も「駄目よ」とか「やめなさい」、何よりも「恐いよ」などと言葉が乱暴になりますが、そのように簡単にしてしまうのではなく、危ない事か、いけない事かをきちんと教えなければなりません。

　まだ分からないと思うのではなく、言葉は覚えるのですから必ず平行しながら、その事も覚えさせることを怠ってはいけないですね。
　言葉は自然に覚え、そして忘れません。
　このように同時に憶えたことは忘れないのです。

それですと、親も子も一つずつ乗り越えていけますね。
　子供と共に親も育つことが出来ますと、子供の成長は大切な宝物となります。

　ただの宝物とははるかに違ってしまいますね。
　本当の宝物になりませんか。

第２５話　人生には受けとめ方によっては

　人生には受けとめ方によっては大変なことが隠されているものであって、その事に気がつくかつかないかで大変な違いが起きることになりますね。
　そのことで大きな事として一つ申し上げたいと思います。
　子育てのことです。

　子供が成長して自分の足で生きられる時がきますと、親は見守るだけになり、やっと手が離れたとの思いにほっとすることになるのですが、そのことが過ぎますと、今度は子供たちの第二の人生－結婚して親となっていく時期を迎える訳です。
　それは、子供にとっては初めての経験となる訳です。
　言わば親としての一年生ですね。
　その時こそ、再び、親にとっての親を活かせるチャンスの時なのです。
　孫を可愛がるだけでなく、これまで子供を育ててきたなかに後悔や失敗を繰り返したこともあったはずです。

あれで良かったのか、こうすれば良かった等と振り返れば、それなりに思うことが見つかることでしょう。

でなのですが、そのことを取り戻せるチャンスの訪れとして受けとめてはどうでしょうか。
　今まで経験してきた多くのことが今こそ活かせる時と思って思い残さぬように心にし、自分の人生に華をそえてみるのも良いのではないでしょうか。
　一度きりの人生です。
　思いっきりなさってください。

　努力した者が味わえる大いなるチャンスとなるようにと期待します。

　「良かったですね」と言えるものであってほしいです。

第２６話　人は人を裏切ったりしますが

　人は人を裏切ったりしますが、その時にはどれほどの屈辱となって、あなたの心が傷つくことであろうかと想像できます。
　あなたが与えたことが大きな結果として相手の利益になればなるほど、傷の痛みが強くなるのも仕方のないことかもしれませんね。

　その時にあなたはどのような解決の方法を選んでいますか。

一時は辛い思いになり、また人間不信を起こしてしまう。
そんな時の解決方法として一つの受けとめ方になりますが。

それは、勝手にさせて放っておき、そして、考えないとの態度を持ちながら大きな心を取り戻すことなのです。
あなたがせっかくの好意でしたことがそれでなければ無駄になるし、又、そのような事で相手の人生が永遠のものとはならないはずです。
相手があなたを必要としなければならなかったということは、これからもまた、他の人を求めなくてはならないはずですから。

その時のために、あなたの曲がった心の持ちかたで、あなた自身が逆の結果をつくったと思うようなことの無いようにしておかなければなりません。
あなたの心変わりはあってはならないのです。
あなた自身は、それだけ人を幸せに出来るだけの力をもっているのですから、あなた自身は、何時もと変らぬ姿勢を保つ努力を怠りなく、冷静に前に進んで行くことが必要なのです。

あなたのした事は永遠のものとなっていくことですから、
あなたらしく生きてほしいですね。

第27話　今あなたは健康ですか

今、あなたは健康ですか。

第27話　今あなたは健康ですか

　悩みをかかえていませんか。
　そのような事を、どのようにして克服していますか。
　友達や家族、または周りの先輩、そして先生達ですか。
　そのような方法で解決のつくことがあるでしょう。
　でも、完全な答えは見つかりにくいこともありませんか。

　ふとしたことで答えが見つかったりしますね。
　それでも解決のつくことにはならないのではないですか。
　それは、困ったことに、それらのことは次々に起こってくるからなのです。

　私は、このことについて一つの方法を考えました。
　それは、「軌道修正」。
　分かりやすく言いますと、道標を使うことにするのです。

　先ず、信じたとおりに進んでみるのです。
　また、感じたとおりに進んでみます。
　でも、必ずしも方向が確かなものとは限りませんね。
　となれば、当然、新たな悩みとなってしまいますね。
　それが時として諦めにつながるものとなりませんか。
　それで悩みとなりますね。

　あなたは、このような時に「それを楽しみと受けとめなさい」と言われたら、そのことを素直に理解できますか。
　おそらく出来ないと思いますね。

自分の生きる道を「これこそが」と思えたならば、それこそが生きる上での軌道となりますが、残念なことに、そのことを知ることの出来る人がどれ程いますか。
　その中で、「これこそが」との思いに出会えたならば、その人の人生は最高の人生といえますね。
　あなたもそれほどの幸運に出会いたいものですね。

　それならば、一体どうすれば少しでもそのことを知ることが出来るチャンスに出会えるのかと考えますね。
　だけれども、それがなかなか見つからずに時間ばかりがたってしまいますね。
　それでも、まだ出会えないのが人生となってしまいますね。

　このようにして、日々、人は生きなければならないのですから大変です。

第28話　相手と向かいあう時の見方として

　相手と向かいあう時の見方として、判断の持ち方のなかに自分を黙らせてくれる人物と、しゃべらせる人物と二つに分かれますが、自分をしゃべる側にまわされる時には、あまり頻繁には会わないほうがいいように思いますね。
　あなたに対して何かを心に持っているのでしょうね。

　反対に、自分を黙らせてくれる人物に出会ったならば、大切

にしなければいけないですね。
　何故ならば、あなたに多くのことを伝えようとしてくれているからです。
　そのような感じを受けたならば、そして、それを誠意と感じたならば、誠意は誠意をもって返す努力を心がけると、それだけでもあなたは色々な事を教えられることになるのです。
　また、知らず知らずのうちに多くのことを受けているのです。
　思いがけない事かとは思いますね。

　そして、やり取りが自由に交わせることの出来る関係となりますと、それは仲のよい友といえるし発展させるのでしょうね。

　お互いの関係のなかで、あなたの人間関係を冷静に見つめ、その人間関係がどのようなものかを知ることはとても大切です。
　このことを認識し、生き方のなかに出来るだけの人と大切に向かい合ってほしいと思います。

　出会いの大切さが　あなたの毎日に大きく反映することが
　豊さへとつながっていくことになるはずです。

第29話　大変な問題が起きました時に

　大変な問題が起きました時に、何よりも良い解決方法を教えますと、苦しいほどじいっとしてみて下さい。

どっぷりとその事に浸かってしまうのです。
　例えば、お湯に入り、かなり熱い状態の時にもその時に慌てなければなんとか過ごせるが如くです。
　また、時の経つのを待ってみますと、時が解決してくれます。

けれどもその時に、自分に負けては駄目です。
静かにしていてごらんなさい。
その時こそいつもと変らぬ自分を取り戻してみる事です。
そうして、まったく何事も起きていないように振る舞うのです。
いつもの生活どうりにするのです。

　すると、本当に物事の方が通り過ぎて行きます。
　すると、自分ではまったく変らぬ事でいたにもかかわらず、気がついてみると、以前の自分ではない力を得た自分を感じるのです。
　素晴らしいとは思いませんか。
　特別な事をしなくともです。

　この事からつなげますと
「一生懸命にやったのに」と言いますね。
　ところが、結果が悪ければ、それはそうではないとなるのです。
　結果が悪いということは、やり方が悪かったり方法が違っていたからで、唯無駄に動いたり、向きが違うのに、それに気がつかぬまま、唯がむしゃらだけであったのです。
　一生懸命とは、如何に結果を良い方向に向け、そして、如何に良い結果を出すかであって、時にはじいっとしなければなら

ない時があるのです。

　忍耐強さを持つということは、自己満足のためにだけ動き回ることではないのです。
　それは、唯単に慌てて、そして自分を見失っているだけなのですから勘違いですね。
　どうですか、決して一生懸命ではないのに気がつきますね。

　これからあなたが思いもよらない出来事にであったとしましても、如何ですか、何とか乗り越えられるとの思いになりましたか。
　そうして、これからはもう少し慌てずに「一生懸命とは」を静かに考えてください。

　きっと、良い考えが見つかると思います。
　そして、その事を自分で試してみて下さい。
　きっと、あなたなりに素晴らしいものを見つけ出せると思います。

　良い結果が訪れますように。
　じいっとする事も大変な事ですよ。

第30話　ここで少し内容を変えてみたいと思います

　ここで少し内容を変えてみたいと思います。

夢について触れてみようとおもいますが、例えば嫌なものであれば、その事が実際に起こらないために夢で終わらせたのだという風に受けとめるのです。

　もっと恐ろしく、あってはほしくない辛くなるようなものであれば、なおさら夢でよかったと思う方向でしっかりと思い込むのです。

　なぜかといいますと、先ず、心に向きをつくる事になることと、又、しっかりとした意志が働きますから、打ち消されるための冷静な判断によって自分の感情が不安定にならずに安心感を呼び起こすとなるからです。

　そのことを知ることで、あなたの不安を幸運に変えることになります。

　気をつけるだけとなるからです。

　夢だけで終われてよかったですね。
　本来ならば現実に起きるべきことであったはずですからね。
　あなたは幸運だったといえますね。

第３１話　今を着実に生きることによって

　今を着実に生きることによって、物事は蛇行せずに短距離にして到達する物なのです。
　何よりも危険ではないのです。
　ましてや確実となるのです。

第31話　今を着実に生きることによって

　無駄なるエネルギーを必要とせずにいられるのです。

　退屈でもあるかもしれないけれども、それにして、気を散らさずにいることの重要性なればとして、優れているということになるのです。
考えがまとまっているとして素晴らしいことだというわけです。

　いいですか、相手の方が動くであろうし。
　それが素晴らしいのです。
　互いに動いてしまうのであっては、当然行き違いを起こすことは目に見えていることなのですから。
　解りますよね。

　目の前では何かと合わせられるとしてみえようとも、やる事があれば良いとしていればよいわけであって、共に生かせているのであって由としなければ、なんら意味のない事としてしまうのですから。

　どうですか。
　無駄のないこととは思いませんか。
　そうですよね、どちらをも活かしながら有意義に過ごせるということです。

第32話　動けないときには動かなければよいのです

　動けないときには動かなければよいのです。
思うようにはならないとは考えずに、そのときにこそ、と、思うようにしていればいいのです。

　考えることだけに終始することなく、待つことの大切さも知りうることにして、あわてることなく、しっかりと心を落ち着かせる有意義な時間にしてください。

　その時に動く必要のないことであるかもしれませんし、またその事が何かの暗示であるものとなれば、無理に動かぬほうがいいのかもしれないわけです。
　このような受けとめ方もあっていいのではないかと思いませんか。

　そうしているうちに、最もタイミングの良い時期が本当にくるならば、必ずスムーズな動きが起きるはずですから、その時にこそ思いきり動いていいのではないですか。

　安心しながら動くことは、あなたの思いを満たすこと大であることが想像できますね。
　そう思ってはいかがでしょうか。

第３３話　真実が見えたとき悪は滅びる

　真実が見えたとき悪は滅びることを知っておいてください。なぜならば、あなたは気がつかぬうちにその事をやってしまうかもしれないのです。
　悪とは何を指しているのかさえ判らずにいることが多いはずです。

　人間は必ず自分に対しての考え方をすることに心しますね。向きあう人間とのあらゆる問題など、どうしてもそうしなければなりませんし、与えられる環境におかれたことでの判断力に自分と向きあわなければならないからです。
　そのような状況のなかでどれほどの判断が出来るのか、あまり判ることではないのです。

　その時には、日頃の生き方が一番の答えとなるのです。ものの考え方や性格から導かれる発想など、最も貴方らしいものによるものが見えるものなのです。
　自分の利益のみで、又、自分の立場を優位に立たせるように相手を見ることによって、結果として利用してしまうことがその事になることなのですから。
　人を傷つけてよいことなどあるはずはないのです。

　世間から見えないところで人を利用し、表には自分ひとりでの力であるように見せるものこそが悪なのです。

気をつけなければなりません。

利用される者にはかなりの力の持ち主が多いのですから、ある時期に表に出ることは必ずのことと知るべきなのです。

そのときこそ、貴方は自分を知ることとなるのです。

互いに活かせるものでありたいと思いませんか。
人は必ず見ているものですからね。

第３４話　姿を正してみれば、それに相応しいように物事のほうで動きはじめる

「姿を正してみれば、それに相応（ふさわ）しいように物事のほうで動きはじめる」ということであるならば、素晴らしいとは思いませんか。

どうしようとか、何をどうすれば今を変えられるとか思ったりする時に、この方法を試してみては。

楽しみながらやれることでもあるわけですし、又、そのように想ってみてもいいのではないですか。

如何ですか。

日頃から思っていたことがあれば、これを期にチャンスとしてみては。

自分を磨くことであれば、思いきってみては。

わくわくしてきますね。

あなたの素晴らしい様子が目に映ります。
私の方が何だか意気揚々としてきますよ。

あなたならばどうしますか。
やってみて、その後の事を見たくなりましたか。
その事を知ってみたいですよね。

本当かどうかを、知って下さい。

第３５話　目先のことだけで考えてはならない

　目先のことだけで考えてはならない。
　必ず目標を見ていなさい。
いいアドバイスになればとの思いで、このことに触れてみます。

　毎日の生活は、主にこのようなことに振り回されがちです。
その事ばかりになる日もありませんか。
　なぜか、気になりはじめたら、始終その事から逃れることが
出来なくなるとか、どうしようもないことになってしまうとか、
その枠の中に入り込んでしまうのです。

　そのようなときに、あなたはこれまでどのようにして其処か
ら抜け出せましたか。
　大変なエネルギーを使いませんでしたか。
　如何でしたでしょうか。

その事で解決しても、本当に納得しましたか。
それは、その時の一時しのぎの気持ちの持ち方ではなかったか、あるいは無理にそのようにしませんでしたか。
　どうでしょう。

　そこで、本当の解決の仕方として
『その事を活かすとして、目標を見つけ出し、目先だけを見ていたことから発想の転換をはかり、必ずその目標を見るようにするのです。
　その事によって視野が広がり、大きく物事が見えてくることに気が付きはじめるのですから、何としてもその事は心したほうがよいと思いますね。
　それからは、あなたが、あなたらしい考えを取り戻すことになるのです』
　としたならば、是非このことを心してみてはどうですか。

　目標が見つかるとよいですね。
　見つけてくださいよ。

第３６話　希望と理想

　希望と理想を自分の中に見つけ出すことは簡単なことではないと思っていませんか。
確かにそれはそうですが、はじめからあきらめていては駄目といってもいいほどのことにあります。

第36話　希望と理想　　63

　何故ならば自分を見つけ出すことの努力が無いものにして、そのように考えることになるからです。

　先ずは、見つけることからはじめませんか。
　何でもいいのです。
　まず夢心地なる心で見てみましょう。
　漠然としたものでもいいのです。
　それも努力といえるものですから。

　生きる中でこれほど自分のものが物となるとして、その前にやらなければならぬことであれば、あなたは必ずこの受けとめ方が気になるはずです。
　そのようなことでよいのか、など、簡単にして物事は捗(はかど)るものです。

　そうしていくうちに、きっと思いもかけない自分の中に既に染みついていた希望と理想に気がつきはじめるのです。
　それこそがあなた自身で持ちつづけてきた「それ」であったのですから、思い切り広く大きく羽ばたいて、あきらめる事なく「それ」を持ちつづけてもらいたいのです。

　これこそが、誰に遠慮も要らぬ誰にも邪魔されずに必ずとしての生きる糧となってくれるものなのです。

　必ずそうしてくださいね。
　あなたのためにです。

第37話　毎日、自然界の変化に心ここにあらずと不安を感じての生活が

　毎日、自然界の変化に心ここにあらずと不安を感じての生活が、日々大きくなるばかりではありませんか。
　それならば、一日を与えられた環境のなかで如何に楽しく過ごすかとの思いをしてみませんか。

　そのことで最も必要なこととは、まずは自分のことに集中することですね。
　周りの雑音に振り回されることのないように気をつけることからですね。
　何としても、何をしたいかを見つけることが必要になります。
　その事こそが集中することの第一の条件ともいえるのですから。

　今はどうですか。
　年頭に計画をたてる良いきっかけとなりませんか。
　自分の生活を自分のものにしたいとおもいますのでね。
　そうすることで、一日を安心しながら豊かな気持ちで過ごせることにつながればよいと思いませんか。

第３８話　日々の生活を心地よく生活することの
　　　　　一つとして

　日々の生活を心地よく生活することの一つとして、よい方法としての考えを提案したいと思います。

　何かと気になっていることがあるものですが、そのことを気にしながらもなかなか腰を上げずに、又、気にしたままで過ごすことはないですか。
　その事こそが、もっともあなたのやる気をなくすことの大いなる問題点なのです。
　何故ならば、気持ちが良くないわけですから気分もさえてこないのです。
　となれば、活気をなくすことと繋がりますからすべてのことに影響することになりませんか。

　一度に何もかもを済ませようとするのではなく、一つでいいのです。
　最も気になって仕方のないことから、又、その日の気持ちの持てることを一つだけをやればよいのです。
　どうですか、やれると思いませんか。
　今年は、その事を目標の中に入れてみては。

　常に心地よいスッキリとした中で自分と向き合えると思いましたか。
　その事によって素晴らしい明日が見えてくるのは本当なので

すから必ずやってみてくださいね。

今年は、きっと晴れやかに楽しい生活となることを約束しますよ。

第39話　少しの努力で大きな幸せ

少しの努力で大きな幸せ、この事は本当にいいことですね。
物事は小さなうちに済ませてしまう、その事がもし悪いことであるとしたならば特にそうですね。

物事は積み重ねですから、どちらにしても、この事を大切にしてみることで簡単に形となって見えるわけです。
物事を楽に解決できることにしたれるのです。

この事は、毎日の中に見え隠れすることに常に存在することですから楽しみにすることができます。
自分の力を知ることの訓練ともなりますし、その事によっておのずから心が磨かれることになるとなれば、より一層意味のある考えであるわけですね。

如何ですか。
物事とは、このように悩まずして自分のものとしていけるものなのですから　是非経験してみては如何でしょうか。
思いのほかやれるものです。

毎日を楽しく過ごすことにしてはどうですか。

第４０話　成功したときの言葉の中には

　成功したときの言葉の中には、よく聞きますと「漠然とした気持ちの持ち方であれば自分の立場が大きく肩にのしかかり、責任のほうが大きくなって押しつぶされそうな重みに耐えられぬことで力を十分に発揮できずに終わることがあるようですが、自分の家族であったり、自分を支え育ててくれた恩師であったり、または自分にとって大切に思う誰かに心を集中させて、その一人のために頑張ろうと心したときに良い結果が出せた」ということが多いようです。
　なぜかと思いませんか。

　それは、一見その人物が小さく感じるようですが、いえ、そうではなく自分の今に感謝の気持ちを持ちつづけることのできる大きな心を持つ立派な人格の持ち主であるからこその結果なのです。
　あなたもそう思いませんか。
　いかがでしょう。

　なぜかと言えば、あなたも成功した時には感動を受けることの素晴らしさを味わったはずです。
　それが、あなた自身にどれほどの勇気となり、それを知って教えられたことの大きさを自分にも置き換えてみませんか。

教えの大きさを自分のものにできれば嬉しいことになりますよね。

第41話　自分に自信が持てなくなったとき

　自分に自信が持てなくなったとき、人は人を疑ってしまうものです。
　それは大変なことですね。
　もし、そのことが真実でありあなたのためにとのことであったならば、それほどの不幸はない考え方になるのです。
　そうは思いませんか。

　心ある出会いとはそれほど多くはないはずです。
　せっかくの出会いに影をつくることになるのです。
　とにかくしっかりと信じて見なさいといいますよ。

　人とはそれほど悪いことなどは言わないものですし、しないものです。
　もし、それが信じられぬことであったとしても、人を裏切ることになっても、必ず答えは一つの真実のみですから、そのことを知ることにあなたは期待すればいいのではないかと思いませんか。

　信じることは、あなたの心を美しいものに成長させていくものですね。

信じきることは素晴らしいものですから心しませんか。

第４２話　寂しさの中に今があるとき

　寂しさの中に今があるときには、人の言葉を受け入れなくなってしまうもののようですが、それは何故かとあなたは知っているといいのではないでしょうか。
　何故ならば「もうこれからは」との思いにしてしまい 心が離れてしまうからです。

　人を理解することは本当に難しいものではありますが、その事がより寂しさを大きくすることになりかねません。
　親切を仇（あだ）とせずに、その事が聞き入れられるだけの気持ちになるように静かに見守っている姿勢でいることではどうですか。

　自分を理解されないでいることで気持ちが落ち込みその中で自分の孤独に対して自分を守ろうとし、そして支えを自分に求めるあまりにあなたの言葉が耳に届かない状況にあるのだとしたら…。
　そうです、人の言葉によって、これまでの自分の重ねてきた多くの努力が失われたとの思いにかられ、そしてそれが恐怖と思え、それが見え隠れすることにより人間不信との葛藤に心が痛むのでは、との感じを受けるはずです。

今を過ぎなければならないはずです。
本人に任せることでもあるはずです。
ただここで言えますのは卵の原理ともいえるかもしれませんかね。

第43話　今地球は心配を抱えることにあります

　今、地球は心配を抱えることにあります。温暖化です。
　また、経済社会にあっても不安の中にあります。
　その「今」に不安を持ち、それでも子供を育てる親としてはどれほどの思いかと。
　そこで心落ち着くことの受け止め方に触れてみたいと思います。

　大切なのは、子供に向ける気持ちです。
　どうなるのかではなく、子供の可能性に期待をこめて素晴らしい未来を想像することです。

　自分たちがバブルのときを過ごせた幸運は、より今の気持ちに影を落とすことではあっても、それはそれであったとしながら、次にまた　子供の素晴らしい未来を親や大人たちが信じる姿をもって接することこそが最も望まれることであるはずです。
　決して失望はあってはならないわけですから、その方向を見ながら子供と向き合わなければなりません。
　子供たちに安心できぬと思わせることは絶対にあってはならないのです。

今日一日をその思いでいませんか。
それだけでも気持ちの余裕が身につくことになればいいですしね。
きっと安心して生きられると思っていましょうか、
ですね。

第４４話　傲慢になったとき人の人生は終わる

　傲慢になったとき、人の人生は終わると理解しなければならないのです。
　なぜかといいますと、それは決して一人の力ではなかったはずです。多くの人に守られてきたはずです。
　また、恵まれた環境のなかにあったことも当たり前とは思うことではないのです。

　そのようなことが記憶の中から消えていったときの心に隙間風が通り過ぎることであってはならないはずです。
　人はもう知っていることです。
　一人では生きられないことを。

　せっかく其処に立てたことを一瞬にして失ってほしくはないのです。
　大切なのは自分を見失ってはならないということ。
　そのことを、しっかりと自分の中におくことを忘れないでほしいのです。

幸せや、そして満足を得られたときに、その人の人格が表に見えてくるものです。
　そのことで人の信用を失う瞬間があるということ、人の心そして気持ちを失わせることになることを心してください。

「知っていますよ」「お説教は結構です」と、今思った人は気をつけるようにしてください。

　感謝の気持ちとは人を大きくし、また大きな出会いを生むことを忘れないでほしいのです。

　もう一度自分を見つめてみてはとの思いです。

第45話　判断ミスをすると死ぬということ

　判断ミスをすると死ぬということを知ってください。
　このことは、本当にそうであることは誰もが知っているようでいて見逃してしまうことなのです。

　それは何故かといいますと、人は物事に向き合うとき、どうしても自分の感情を優先にしてしまうものであって想うことに気を取られてしまい、どうしてもの思いになりがちなのです。
　やりたいことに気を取られ過ぎることによって、足元のことを見落としてしまうものなのです。

判断によっては、変更させる勇気をもつことがなくてはなりません。
　判断とは、あなたにとって命と引き換えにあることを今一度考えるべきではないでしょうか。
　大切な人生をそのようなことで不意にすることのないように、しっかりと物事を判断するだけにの冷静さをもつように心しませんか。

　くどいようですが、それほどのことにあるのです。
　自分を取り戻せることになればとの想いです。

第４６話　判断力を身につけることによって

　判断力を身につけることによって人生は大いに変化するものです。
　このことは大変に難しいことであって簡単にはいきません。
　何故ならば、物事の状況を端的に見抜くことが必要になるからです。

　物事の状況は多種にわたり、そして広範囲のものであるからです。
　向き合う人物・環境また内容の変化など、同じことだけにして行われるわけではないのです。
　何よりも大きいことは、自分自身の状況に変化をきたしていくわけであって、そのことと並行しながらのものとなるわけです。

それならば、それをどのようにしていくかは、「経験」－それは、すべての出会いによるものにして起きることにあるわけで、出来るだけ多くの出会いを生むことにしてなるはずです。その事は、あなたの発展へとつながっていくわけですから、是非心し考えながら実行してほしいですね。
　あとは「訓練」のみです。
　この事はそのうち身についていくはずですので、失敗など幾らでもあっていいのです。

　そのことが、あなたを自由なる行動へと導いていくことは間違いのないものとしていくはずです。

　如何ですか。
　きっとそうなりますよ。

第47話　失敗をどのように受け止めそして解消させるか

　失敗をどのように受け止めそして解消させるかを一度考えてみましょうか。

　人によってはかなり違った考え方になると思います。
　落ち込みがひどく自己嫌悪に陥り、なかなかその事から抜けられず深みにはまり、その事だけを胸にしまいこんでいつまでも引きずるタイプ－
　それとは違い、まったく意に介すこと無きが如く、もはや次

のことに挑戦すべく切り替えを上手く取り計らい、その事を取り戻すことに心するタイプ－
と、二つに分かれることになりますが、どう考えてみても後者の方がよいようにおもいませんか。
　失敗とは前者のことであって、後者はむしろ失敗によって大きく成長するタイプと思いますね。

　同じ失敗こそが本当のそれ（失敗）であるわけで、落ち込んでいては前には進めませんね。
　悩んでいるだけではなく、一時も早くその事から頭を切り替えて、次のことを考えるエネルギーにしてはどうでしょうか。

　あなたはどちらのタイプか。
　一度振り返ることも良いチャンスにしてみませんか。
　次へつながることになればいいのですがね。
　失敗が宝になることですよ。

第４８話　自分の思うようにしたいと想ったときに

　自分の思うようにしたいと想ったときに、壁が見えてきませんか。
　そのことで、つい考えてしまうのは、上手くいくかその逆になるかとの思いに迷いをもつからですよね。
　このことについては勇気を必要と感じるからですね。

そう思ったときには、もう少し時期を要するのだと思ってみては。
　本当にそうしたいと思えば行動にうつせるはずですから、まだ本当に考えがまとまっていないからの迷いだと思いますよ。

　時期が来ているときには、自然に体のほうが動きますのでね。そのときには迷いなどは感じないものです－ということで判断しながらのものであれば必ず思いはかなうものです。

　人生は一度きりのもの、大切にすることだと思いませんか。思い通りにするには、そのようになるための日頃からの努力がなされていなければなりませんから、自らのものにして周りも納得するものでなければ本当の意味とはならぬものだと知ってこそのものですね。

第４９話　物事には大切なものからの順位をつけることが必要かもしれない

　物事には大切なものからの順位をつけることが必要かもしれないですね。
　今の生活の中で、そのことによって何をどうすればよいかとの判断に繋がることになるはずですし、漠然としていては判断しにくいことに気がつくかもしれないですね。
　そうすることで、人間関係にあってもハッキリと思い浮かぶことで判り易く、それが上手くいけば、それによってよい環境

をつくり出すことになるように思いませんか。

　毎日の生活には必ず決められた約束事がありますね。
　気がつくときにだけに向き合っているうちに見落としては後悔するなど、自分の中での思いこみでは失敗するかもしれないわけですから、そのためにも必要かもしれないですね。

　何よりも人とのかかわり方に最も大きな意味をもつことになれば、もっといい行動がとれることで安心した人間関係が生み出されることになり、貴方の生活はより自由になることだと思いますね。

　それで貴方の生活が大きく力強い生き方になるとするならば嬉しくはありませんか。
　そして、「今日一日がどれほど満たされることか」ですから。

　心してみませんか。
　きっと気持ちが楽になるはずです。
　貴方の最も大切なものはなんですか。

第５０話　苦労をしたとか苦労していると思う

　苦労をしたとか苦労していると思うのはまだ本当の苦労ではないことだと知っていますか。
　本当の苦労とは思い出すことすらないものです。

なぜかといいますと、本物であれば、その事が体の中にしっかりと染み付いていて、体の中に、又、魂に力となって保存され貴方を支えることに働きかける…それほどのものなのです。
貴方が苦労と思っていることとは、いま何とかその事から逃れたいと思う弱気な考えでしかないとおもいますね。

本当の苦労からは決して逃れることなど出来ることではないのです。
口で言っていられる間はまだまだその瞬間は幸せでいる自分に気がつくべきなのです。

決して自分からは逃れることが出来ないのであれば、もう少しその事と向き合ってみることですよ。
せっかくの良い問題提議であることを大切に受け止め、そして、きっと貴方のために与えられた課題としてみてはどうでしょうか。
やりぬくことが、あなたを大きくしていくためのものであることは確かなことです。
貴方ならば、きっと乗り越えられることとして与えられたと思ってみるべきです。

そこを乗り越えた後の貴方の輝いた表情が目に浮かびます。
そのようなものであるはずですからね。

第51話　自分の与えられた環境の中でいかに生きるか

　自分の与えられた環境の中でいかに生きるか、その事をどのように受け止めるかは　あなた自身の考え方によって大いに違っていくことを考えたことがありますか。

　今の自分に満足して過ごせていますか。そのような思いでいられることを時として感じたとしてもそれは長くはつづくものでもなくその瞬間であったりすることで、それを不足に思っては嘆き苦しみへと発展させることは常であってつい環境を嘆くなど難しいものです。
　しかし、その時こそがあなたにとっての生き方を見直してみるための最も良いチャンスの訪れであることに、是非気づいてほしいのです。
　「自分は何を求めているのか」、「どうしたいのか」ですね。

　不足に思うことに気をとられずに、今までよりもっと今の環境に思いを集中させ今を大切に考えること、そして心に浮かぶことを迷わずに実行するのです。
　そのときは、自分を信じて自分のためにとの思いでなくてはなりません。
　今の環境はあなたの力の範囲であることに謙虚に向き合い思いきりやり抜くことによって自分の今を知ることで少しは満足できていくものでなくてはなりませんし、また、そうなるものです。

如何ですか、やってみたくはありませんか。
　きっと、あなたにとって良い希望が見えて見えてくることを期待してみては。
自分の知らぬうちに環境とは変わっていくものでもあるのです。

　あなたの考え方に期待してみてください。

第５２話　物事を長くつづけていく方法

「物事を長くつづけていく方法で最も可能にすることとはどのような考え方であればよいのか」ですが、まず今日一日をその考えたことの通りにやってみて、出来る限りちかづけてやり抜くことです。
　今日一日でよいのですから気持ちも楽になりますし、その事は一日の生活をも変化させることになるわけです。

　心さわやかに、明るく、それによって物事の判断を促し気持ちに余裕さえ出来れば空気も変化するはずです。
　そうなれば、当然、またその事を明日もそのようにやればよいのですから、その要領でつづけていけるものとなりませんか。
　そして、今日一日を全てとし大切なものと知ればよりいっそう上手くいけることが貴方の心をも満たしていくものです。
　簡単にして、貴方の行動が日々つづけてやれるとなったわけですね。

どうですか。
このやり方で一度やってみませんか。
ヒントにしてみてください。

第５３話　今日のことは今日のこととして終わらせてみてはどうですか

　今日のことは今日のこととして終わらせてみてはどうですか。
　例えば、嫌なことにあってのことは特に、出来るだけ引きずらないことにするのです。
　そうは思いませんか。
　このことは今日で終わったのだと思ってしまうことです。

　明日はまた、新たに考えなければの問題が持ち上がることでしょう。
　そのときに、引きずった気持ちでいることによって考えがまとまらなくなり、それで自分を見失い、自分らしい姿勢での問題解決とはいかなくなり、そうして後悔することになっては大変です。
　また、良いことであれば執着心によりこだわりができてしまうことで周りを見る余裕がなくなって判断を間違えるようなことになれば、やはり引きずることによっての心の問題は大きくなるような気がします。

そこで、あなたが知りたいことは、きっと「それでは何にもならないのでは」ということですよね。
　いえ、そのような心配はしないほうがよいと思います。
　何故ならば、経験したこと－その時のあなたの気持ちや行動は、決して無駄にはなっていないからです。
ただ、自分のとったことの全てに関して気にかかるはずですね。「あれで良かったのかどうなのか」を何よりも引きずる結果となるのがそのことです。

　毎日にして必ず物事は解決していくものですから、そのためにもそのことに気を遣っては如何でしょうか。
　そうすることで疲れにくくもなり、何よりも明るい気持ちでいられることの大切さが身をもって体験できるはずです。

　如何ですか。
　そのほうが上手く自分と向き合えるような気がしませんか。
　自分を快いとするとき自信がもてるものですが、そのためにもこの考え方は役立つものと思いますよ。
　そう思ってみませんか。

第５４話　自分はどうして何時もこうなのだろうと思ったときには

　自分はどうして何時もこうなのだろうと思ったときには、もう既にあなたはそのところを過ぎていったとの思いになって

第５４話　自分はどうして何時もこうなのだろうと思ったときには

いいのです。
　それは、その思いを見すぎてしまうことによる気持ちの迷いに過ぎないのですから、先ずは気がついたことこそが重要であることを感じるべきなのです。

　そうなることは、あなたが日頃より心に問いかけている自分に対する違和感となっているわけで、いつかは解決させたいものの一つとなっているとしたならば、そのことにあまりこだわることなく、もしかしたならば個性の一つと見ることもあってよいのかもしれません。

　考え方の一つになればですが、人とは意外にも自分の思っている、又は判断したとおりに見ていないことも多いのではないかとすることがあることも、知っていてはどうでしょうか。
　それならば、自信のもてる生き方や考え方を学ぶことに心を向けてむしろその方が解決を早めることになるかもしれませんね。

　悩みとするか成長の過程とするか、受け止め方によってあなたの悩みを生かされることにしてこそ成功へと向きを変えるはずです。

　よかったですね。
　如何ですか。
　安心してよいのですから　あなたが楽しみになりましたね。

第55話 小さな努力で大きな幸せということです

　小さな努力で大きな幸せということです。
　今、世界中がインフルエンザの脅威に包まれていますが、まずうがいをし、手をしっかりと石鹸でよく洗う、食事をきちんととる、そして何よりも出来るだけ睡眠を十分にとるなど——これは注意事項でありますが、これを心がけることで避けることが出来るのです。

　何事もですが、一つからはじまるわけで、一人ひとりの心がけによって今学級閉鎖や学校閉鎖の話は聞いておりません。
　素晴らしいことです。
　初めのこの考え方は全てのことに通じることとは思いませんか。
　命の問題にあるからだけではなく、生活の中で幸せに向けての考え方でありたいですね。
　自分で想う思いをこの方法で心すればよいのです。

　要は少しずつの努力が、継続は力となってあなたを守っていくことになるのです。
　それを助ける心の持ち方に、恐がらなければ不思議に何も起きない——ということもあると知っていながらでは如何でしょうか。

　しっかりと毎日を心することでありたいですね。
　貴方なら必ずできると思いながら、命と心は一体であることも大きくかかわっていくとして大切にしてみませんか。

如何ですか。
そのように思いますね。
(注：この文が書かれたのは２００９年１月３０日です)

第５６話　「後からやるから」はやらないと言って　　　　　　　いることでもあるのです

「後からやるから」は、やらないと言っていることでもあるのです。
どうですか思いあたりませんか。
やれたことがありますか。
やったことはありますか。
無いですね。

言われたことはすぐに行動に移す習慣を身につけなければなりません。
そのことに無関心であることでもあるのです。
そして、忘れてしまって後悔することにしてしまうことさえあるのでは。
どうですか。

また、言った相手にも信用をなくすのでは。
極端になると嫌われてしまうかもしれないのです。
心の通わぬ間に大切なものまで失ったりするので、勿体ないのは、あなたのやる気のない、そして誠意のない態度に人は心

を見せなくなって他の方向へ向きを変えてしまうのです。

　せっかくのチャンスがあなたの手からこぼれ落ちたかもしれないですね。
　人の心とはそのようなものではないですか。

　あなたを信頼した相手にはこたえることを大切にしてほしいです。

　これからは気をつけてみませんか。
　なんでもないと思うことこそが大事にせねばならぬこととしては大げさではないと思いますよ。
　如何ですか。

第５７話　大切なものを大切にすること

　大切なものを大切にすることを当然あなたは知っていますね。
　しかしながら難しくはありませんか。
　そうすることにより自己中心的に見えることであったり、他人に警戒心を持たせたり、また、大切なものの選択をどこにおくか、そして何にそう思うか…人それぞれものの価値観は多種多様にわたってあるわけですから。

　そうですね、どうでしょうか。

このように考えるのは、まわりから見られるなかで自分以外の誰かが自分のそのこと、又はそのものに向け共に見守ってくれるとか、もっといいのは協力的になってくれるとかとなることで、それはあなた自身にそのような人を説得できるものが備わって見えるからであってのことではないですか。
　また、あなたの日頃の生活態度にも人を引きつける何かが感じ取られているからでは、そして何よりも、あなた自身の生き方に共感して見ている人物によってとか－そのように思いませんか。

　少し大げさに言っていますか。
　しかし、このことは全てに通ずるものではないかと思います。

　これで、あなたは大切なものを大切に心し、自分のものとなることの約束ができたと思いませんか。

　よかったですね。
　誰にも気をつかうことなく心を尽くせますね。

第５８話　子供の成長で大変なのは反抗期のときです

　子供の成長で大変なのは反抗期のときです。
　子供の手に負えぬ行動に必ず言いたくなることといえば「うちの子はこうなので困る」
それ以上に良くないのは、そこで子供の性格や能力を判断して

しまうことです。

　これこそ問題でして、反抗期は早いほど小さくてすむものですから　思い切りやらせてやることです。
　それは「今が最中」としてしまうのです。
　ここをどう切り抜けるかによって、早くその時期を済ませてしまうのです。
　本人の気持ちが満たされれば、そのうちに必ず反抗はせぬようになります。
　その事によって落ち着きが出来、集中力も沸いてきます。

　何事も大変なことは小さいうちに解決させることで共に良い結果となるのですから、焦らずに見守ることも大切かと思います。
　つい感情的になってしまいがちではありますが、決してそのようにはならぬように気をつけてほしいのです。

　「今が最中」
　このことを口にしながら、そして思い出して。
　大変な時ほどです。
　きっと、子供は貴方の期待を裏切らない成長を見せていくことになりますのを楽しみにいてくださいね。

　どうですか、少しはほっとしましたか。
　今のうちに済ませてしまいましょうか。

第５９話　待っていては何も起きないということですね

　待っていては何も起きないということですね。
　動くことだけがその反対である、との思い方をするのも考えの足りないことになりますし、難しいですね。
　「一体どうすることが望ましいのか」ですね。

　どうすることで今の自分を変えられるかと考えますね。
　かえって、それが問題になっては考え込んでしまう―ということを繰り返していませんか。

　問題なのは、「待っている」との思い方にあるのでは。といいますのは、そこには相対する問題又は希望等に対して見る視点が、いつも自分の中で繰り返し反目してしまっているということのために、ついその考え方でいるとするわけであって仕方のないことでもあるのです。

　悩みとはならなくていいでしょうね。
　先ずは、その思いをもったことが第一歩ですし、そこから展開が起きていくわけで、大切なのはその間に何をしておくかの方でしょうか。
　やってみるのに家の中でもそれは出来ますし、どのようにでも動きはなされているものですからね。

　待っているようでいて動いている。
　そうですよね。

そう考えれば面白くなりませんか。
それが自分の姿をしっかりと見据えられて、むしろ今のままでいいとの思いになれば素晴らしくはないですか。
きっと貴方の思いは伝わっていくものですから、今でいてこそ答えは必ず出るとしてほしいですね。

両方がうまく生かされることですか。
座りこまないでいましょうか。

第６０話　よく人は相手のことに敏感に反応しては感情をむき出しにしやすいのですが

よく人は、相手のことに敏感に反応しては感情をむき出しにしやすいのですが、必ず「それは自分とはまったく関係のないことであって相手のことである」との見方するものです。
ところが、それは自分の姿が鏡に映っていることと知ることになれば話はまったく違って見えてくるはずです。

このように聞いたことはありませんか。
「自分の周りはいい人ばかりですよ」と話したとき、「それは貴方がそうだからですよ」と言われませんか。
そうなのですよ。
ですから、相手を快く感じないとなれば、少し自分に目を向ける必要があるのかもしれないですね。

ただし、それでも思いあたらぬことであれば、少し間をおくか、その見方を持たないように心したほうがいいでしょうね。
　何故ならば、相手の問題であれば自分のためにはならないわけですから、あまり干渉しないほうが貴方が誤解をうけないですむでしょうし、心の問題をなくすことが出来ませんか。

　人は、貴方をよく見ているものですよ。

　又、人に会うことの楽しみが出来ましたか。
　又、世の中の出来事も見方を変えられるようになればいいですね。

第６１話　自分の思ってもいないこと

　自分の思ってもいないことを、又思っていない気持ちを決して言葉にしてはいけないのです。
　それがシャイなところから生まれたことであったとしても、きっと自分をごまかさんがためのものとなってしまうからです。
　自分の気持ちに素直でなくては、ただ単に誤解のもとになってしまうのです。

　あなたの本当の気持ちを届けられぬとなることは無駄な感情を相手に与えてしまうのです。
　もし大切な相手であったならば大変な結果に終わることにしてしまうのです。

誠意のない人間と誤解をうけることとなったとして、あなたはどれほどの損失になるか－後悔先に立たずとならぬためにきちんとした言葉又は気持で言葉は伝えるべきです。

　又、相手をからかった如くに伝わったとみなされれば―それこそが人を軽んじると見えるならば、それは心外ではすまされないはずです。

　相手としっかりと向き合う姿勢が何よりも自分とも向き合うことであるのですから、しっかりと心したいと思いませんか。
　これで貴方も心の通じあう仲間が多くなることになりましたね。
　心して見ててください。
　きっと結果は見えてくるでしょうから。

第６２話　人は絶対なる信頼をもたれるとき

　人は絶対なる信頼をもたれるとき、それは人生の大きな喜びとなり、そして最も大きな幸せの大きさを感じるものとなる最大の誇りですね。
　そのような人物と共に出来ることこそが貴方とであれば、そして人生の伴侶とあれば最も幸運となる出会いといえますね。

　それは身近な出会いのすべてに共通するものです。

　いくら真実を語ったところで、なんらそれを真実とは捉えら

れぬとなればそれをどう説明すればよいのかではまったくお話の出来ぬことになってしまうわけで、そこで終わってしまうことになりかねませんね。

　いかに信頼されるかは貴方の問題ではあっても、人はそれほど簡単に自分を偽ったりは出来ないものですから―ほとんどの人は正直にあるものです―出来るだけ心もともに信頼をうけられるものを、自らが大切にしなければならないと思いませんか。

「正直の頭に神宿る」とも申しますとか。
　信頼される出会いが貴方を救うことでしょうね。
　一人でも多くの出会いが貴方に訪れますように。

第６３話　考え方、思い方を変化させる

　人は、自分の性格を変えられることは、ほとんどありえないものと考えています。
　本当にそうですよね。
　自分で変わったと思ってみても、まったく変わらないことに気がつき愕然とすることになりませんか。

　しかし、それを個性として自分の性格があると考えれば特に変えなくてもいいのではないですか。
　どうでしょう。
　個性を生かすとの考えを持てばいいのです。

それは、自分で思うほど魅力のないものではないかもしれませんし、其処なのです。

　この「考え方」、「思い方」を変化させることによって、人から見ると変わったようにうつるものです。
　それでいいのではありませんか。

　何故ならば、あなたがそのことで物事に対して「考え方」に変化をみて「思い方」に判断をもてることになれば毎日の生活に対して、安心して過ごせることに自分と向き合えることでよいわけですね。

　「考え方」と「思い方」はとても大切なこととなりませんか。
　努力とは自分のものに出来ることが望ましいわけですよね。

第64話　自分の思いが満たされたとき

　自分の思いが満たされたとき、人は自らの姿を見せるものなのです。
　それは、何ごとに対しても人生のなかで求めることには尽きることがなく、すべてのことに向けて常に自分のなかでその事を描きながら、欲望を膨らませ、考えを発展させることにあるのです。
　それがゆえに、自分との葛藤で日夜何かをしなければと思い、そのことへの努力を惜しまず、つづけることに時間をかけはじ

めていくと、必要とされる力の量だけ人は神経をすり減らしつつ期待をかけていくものです。

　その思いの結果が大きくなればなるほど、自分の思いが満たされたときに、これまでの全てに対してやりぬいた自分の努力がどれほどのものであったかは本人が何よりも感じることとして残り、その結果が満たされたとしても、むなしさを感じての結果であったときには、それが何であったかを知り、そのことが本物ではなく期待とはかけ離れたものでしかなかったと…そのときに自分に戻ってしまうものと考えるのです。

　しかし、それは自分の思い方で勝手なものであるかもしれません。
　また、そのことで結論を早めてしまうことこそ身勝手な行動といえるものになりませんか。

　そのときほど自分をしっかりと確かめてみなければならないのです。

　心してみてください。
　あなたが一番見えるときですから。

第65話　思い方と姿勢は違う

「思い方」と「姿勢」は違うことを考えてみたことがありますか。

それはもちろんのこととして当然だとの思いになりがちですが、時としてそうではないのにかかわらず勘違いするのではないかと思いませんか。

　「思い方」のほうは心のなかだけにとどまりやすく、そのことを行動に移すまでに発展せず、それでよいとの考えのままにしてしまうことはないですか。
　また、勘違いをしたままの方向でありながら自己満足に落ち着いてしまうことなど、どうですか。
　それでよいのか？聞きただすことも必要なのではないか？など、色々な問題にしてしまうとあってはもったいないことになります。

　そこから「姿勢」につながるわけですね。
　行動ですね。
　静と動の違いといえることに気がつきますか。
　この「思い方」で本当にいいのかは行動に移してこそのものであって、その両方に心してこそ物事のよしあしを見つけることに気がつき「思い方」の本当の意味を知る結果となるのです。

　そこに「姿勢」を見ることで物事が成立するとなりませんか。
　当たり前に思っていたことでも改めて見直してみることで思いのほか見えてくるものが見つかったりするものです。
　「これでいいのだ」と確かめられてよかったとなることですから。

第６６話　やれないことはやらせない

「やれないことはやらせない」
　この言葉をそのままにして受けとめるとするならば、かなり悲観的な印象に聞こえるものです。
　ところがそうではなく、例えば、貴方の力を表現し勇気を与えることであり、また、後押しとなっていることで、「必ずやりなさい」「心配する必要はいらぬ」そして「実行したがよい」との言葉として受けとめてみると、まったく逆の意味となることに気がつきませんか。
　言葉の表現とは、その人の能力によってかなりの勘違いを生み出すことになるならば、大変なことになることを知るべきですね。

　「それでは　どのような見方をすればよいのか」との質問を受けることになりますが、自分を信じることにあるわけで、そして迷いを少なくすることの大切さを重視すべきです。
　まずはやってみようではなく、必ず行動することに集中するのです。
　それこそが、やれることに向かう姿勢となるのです。
　「信ずれば鬼神も開く」。そのことにあるわけです。

　物事は、「受けとめ」「それを理解し」そして「行動に移す」ことの何たるかを見逃がさずにそれが出来ることにしてこそ、自分の思いも満たされることにかなりの成果をもたらすと経験することでは、と思いますね。

受けとめ方を訓練していくなかで、自分なりのやり方を身につけていくことが必ず見つかっていくはずです。

　はじめだすときは、誰にとっても勇気のいるものです。
　しかし、其処を如何に克服するかですよね。
　日頃から心することにあって、必ず気がつくものに出会えるのですから、貴方にも可能性は十分にあるということではありませんか。

　もっと自分を信じてよいのでは。
　今、貴方はどれほどそのことに心しているでしょうか。
　考えてみてくださいね。

　なぜならば、それは「やれないことはやらせない」ですからね。

第６７話　人の生活を見すぎると自分の人生が振り回される

　人の生活を見すぎると自分の人生が振り回される、そう思いませんか。
　何故ならば、気になることが目につきませんか。
　決していいものを見るとの気持ちにはならないはずですからね。
　また、それは言いかえれば、自分の生活に集中出来ていないともいえませんか。

　何故そのように人のことが気になるかですよね。

第67話　人の生活を見すぎると自分の人生が振り回される

自分の生き方が見つかっていないことになると思うのですがね。

　ここで、自分はどう生きるかの信念をしっかりと持つきっかけになればとの思いです。
　人の表面だけを見ただけではないか、との思いにしなければいけませんね。
　その結果は憶測を発展させ、勝手な想像までもが大きく広がり、次々と確実にせんがために人までも巻き込んでしまう結果を生み出して、ますます自分の世界を醜いものとし深みにはまっては、さもありなんと自己満足を肯定してしまうものです。

　これではどう見たとしても良いわけではないのです…ということになるのであれば、やはりそのことは避けることにあると思いませんか。
　自分の道をしっかりと見ることにしませんか。
　いくら人の生活を気にしたとて、人のことは何一つとして、本来は何もわかるものではないということですしね。

　それですから、貴方はあなた自身の生活をしっかりと見つめながらのものに近づけながら、自分を大切に守ってあげたいものですね。

「自ら助くるものを助く」
　どうですか、いいとは思いませんか。
　気持ちがいいですね。
　スッキリしましたか。

第６８話　出会いは自分を知るためのチャンスである

　出会いは自分を知るためのチャンスである。
　何気なく会った人物に、ただ漠然とした気持ちのままで接するのは何か勿体ないのではないか、としてみるのも大切なことではないですかね。
　また、そのような気持ちにさせられる出会いであれば幸運のはじまりになるかもしれないわけで、その時は貴方の今を暗示することに意味あることとしますね。

　また、その反対となれば今の状況に関連したものとして注意が必要な時とも受けとめながら、今の自分に気を向け不足の部分を見つけ出すことにかけてみるとするキッカケにしてほしいのです。

　また、もう片方の感じ方として、なかなか今の自分を知ることは難しく他の人々によって知りうることが多々あるものですから、人は鏡―自分を映し出すものであって、そのことが正しく反映して見せてもらえることこそが、貴方にとって素晴らしい瞬間に遭遇できたことになりませんか。
　自分の心が二つに分かれて見えること―それは美しさでありそして醜さとの自分ですが、人はその人物に左右されることでもあり自分の姿を知ることにもなるのですし、やはり今の自分のために与えられたチャンスといえるわけですよね。

　如何ですか。

そのためにも、是非多くの出会いと向き合ってほしいですし、また、そのように心しながらのものとなってくださいね。

　貴方の出会いがいっぱいでありますように、と願っています。

第６９話　迷いとは自分に負けたときに起きるもの

　迷いとは自分に負けたときに起きるもの、そうは思いませんか。
　それは失敗を先に想像してしまうことであって、それが「たとえ避けられないとしても仕方のないことだ」と割りきれる部分かどうかを、先ずは受けとめきれることとしながら事にあたれば、なんら迷いとは解消されるものではないですか。
　どうでしょうか。

　やってみなければわからぬことであって、迷いのなかからは何も見えてはこないし、又、何をも知ることはできないわけですから…。
　何よりも大切なこととは、経験することの第一歩になることだけは確かなことで、必ずとなるものであることのキッカケを作ることとするほうに心すれば、何も迷いとはいらぬことであって、そこからまた大いに自分の何かが必ず見出せることを見ることでいいのではないですかね。
思いついたことこそが成功といえるものとしたわけですからね。

何よりもいけないのは、結果に対して欲をもつことですかね。誰しものことではあっても、それは避けたいことの判断ではありますね。

　迷いを持つことは、むしろ大切なことかもしれないとして、あとはこれらのことに向き合って実行に移すことでいいのではないですか。
　そう心の整理が出来たならば迷ってなどいられないでしょう。
　いかがですか。

　それでは、始めては如何ですか。
　貴方は、思いついたことのそのことと向き合える時間のなかに身をおけることになって 素晴らしい世界と向き合いながら過ごせることは、目的だけは見出せたわけですからね。
　もはや自分を取り戻せたことになったではないですか。
　ですよね。

第７０話　そのとき、過去の自分がどう生きたかが　　　　　必ず見せられるものです

　そのとき、過去の自分がどう生きたかが必ず見せられるものです。
　このことは本当なのです。

「あなたは以前はこうでしたよ」と、それは自分の成長を知っ

第70話　そのとき、過去の自分がどう生きたかが必ず見せられるものです

たときに起きますね。

「そういえば自分はそうだったかもしれない」「このような物の考え方でしか　出来ていなかったのか」「そうかこのようなことで悩んでいたのか」などと、今の自分との違いをはっきりと知らせてくれるのです。

素晴らしいと思いませんか。

いいですね。

努力とは如何に悩みながらでも、その事としっかりと向き合うことで、色々なことから逃げることなくしっかりと向き合ってきたことが結果として証明されて、そのような時に感じ取ることが見せられて…

そして自分はこれで良かったのだとの思いになり、これからの生きる糧になって力をつけることの支えとなり、よりいっそうの励みとなっていく…これからを教えてくれますよ。

生きる自信に毅然と向かっていけることの、幸せをかみ締めながらのこれからが待っているか、とすればよいのですからね。

貴方がこのような経験に身をもってあることを期待します。
是非に体験してほしいです。

このことが繰り返されていくことで貴方の生き方がはっきりとつかめていけることになるといえるならば、「自信」と「誇り」とがますます大きくなっていくことではないですかね。

今の貴方を大切にしながら、今をつづけていけるのですから素晴らしいではありませんかね。
そう思いますね。

第７１話　人は何故　人の立場にたって理解をして協力できないのだろうか

　人は何故、人の立場にたって理解をして協力できないのだろうか、そのように感じたことはないですか。
　「縁の下の力持ち」などとよく言われますが、それが活かされてはいないことに気がついたことはないですか。
　その人の力があってこそ、あの人は素晴らしさを発揮できている、と言わせたいものですよね。
　また、その事によって、その人が活かされて輝きをはなって見えたとしたならば、互いにそれぞれにあった存在感を見せるはずのものですし。

　トップの位置とは簡単に得られるものではなく、それは与えられた任務と相俟っての存在であるはずで、なりたいとしてのものではないはずですよね。
　おのずからまわり回って、否や応でもやらされることもあったとして与えられることに本物とあるはずです。

　折角その立場のものの側に身を置きながら自分の分にあった身の振り方を大切にせず、相手の存在を自分のものと置き換え

ては勘違いのもとに　折角のチャンスを逃しながら醜いまでの姿をさらけだしてしまっては、なんになろうというのか判らなくなってしまいませんか。
　これを貴方は理解できますか。

　また、周りからもそのように見られることで、己を失ってのやり方に何の意味もなくしてしまっていては、残念なことに何ができるのであろうかと今一度考えなおし、共に存在感を活かしあった…それぞれの立場が本物としての価値観を発揮するのでは駄目なのでしょうかね。

　勘違いほど醜いものはないのです。
　どうですか、美しいものはやはり人に感動を与えますし、人をひきつける魅力と共に憧れをも感じさせていませんか。
　そのような人物に周りはどこまでもついていこうとするものではないですか。

　如何ですか。
　そのように生きることはできませんかね。

第72話　他人の不幸の方ばかりを見ていると

　他人の不幸の方ばかりを見ていると、それが自分の心の中に習慣となって潜在意識として、貴方の人生がその不幸癖を引きずったままに、その方向に物事が向きを変えていくことになる

と知っておかなければなりません。
　なぜならば、心に描くままに物事は表現されるわけです。
　そうして、思った方向に歩きはじめるではないですか。

　「いえ、そんなことはないでしょう」と聞こえてきそうですが、決してそうではないのです。
　心をしっかりとその考え方を否定し、一度自分のその気持を見ながら、それが本当かどうかを日々の生活の中で注意しながら経験しなければなりませんよ。

　自分の理想とする本当に望むことの何たるかをしっかりと集中したものとすることで、自分のことに何が見えてくるかと素晴らしい日々の生活に没頭できてこそ、他人のことに目を向けるとしても違ったものになってくるのです。
　そのほうがずっと良いと思いませんか。
　どちらにしましても、やはり、そのことで他人に対しては避けたいものです。

　どうですか。
　人が不幸だと貴方は幸せなのですか。
　そのような考え方では本当の幸せは来ませんよね。

　自分の中にきっと幸せは存在していますよ。
　その方に目を向けていてくださいね。

第73話　感じたことは大切にする

　感じたことは大切にすること、そしてその事を思いつづけ継続させてみることをすすめますね。
　「その事」とは出来ることとしてのものだからなのです。

　「本当ですか」との声が聞こえてきそうですが、本当にそうであるとしたならば嬉しくはないですか。
　聞き直してしまうかもしれないですが、でも本当なのですよ。

　それは、漠然としたものの中からは起きてこない現象であるのです。
　しかし、それは真実として受けとめても大丈夫ですから、是非その事を信じてくださいと申し上げますよ。

　その時に大切なことは、決して中置半端であってはなりません。絶対のものとしてのことです。
　迷ったり、疑ったり。
　そして特に半信半疑であることは何よりもそのことを貴方から遠ざけてしまうことになりますので　その事に気をつけなければならないのです。

　そして、十分に心しながら自分を信じることの訓練としてみては如何ですか。
　感じることとは、常日頃の集中した生活の中でこそ起きることであって簡単ではないことかもしれませんよ。

そのような想い方であっても少しも不思議ではないのです。

　貴方の日々の生活の中で知らなかったものが知り得たことで、力を蓄えてみてはどうですか。
　毎日の生活のあり方の中にあって、感じることの大きさは決まるものなのですから是非大切にしてくださいね。

　感じたことが現実になることの素晴らしい経験が貴方に起きますように。

第７４話　思い切って自分を変える

　「思い切って自分を変える」こととは一体何をもってそうするのか。

　先ずは考えることから入らなければ出来ないことですから、その理由をさがすことです。
　「何気なく」と思うことであってはならないのです。

　「自分を変えてみようかな」
　それでは意味のないことで、それほど簡単には自分を捨てることは出来ないはずですし、またそうではないですよね。
　そこまでの気持ちにしてしまった自分を、少しでも取り戻せることはないのかと、まず自分に問いかける必要があるはずです。

今の自分をそれほど嫌いではない部分から大切にしながら、少しずつ、丁寧に心することではないかと思いませんか。
　そこのところから、どうしても許せない自分であったりするものや、自己嫌悪に思える心の痛みが自分を責めてしまうような場合、そのところと向き合った思い切ってのものとして「自分を変えなければならない」ということを一度考えることもあっていいでしょうね。

　その代わりに大いなる進歩を期待します。
　そのような貴方の誠実な生き方に拍手をおくりたいです。
　勇気に負けないでほしいですね。

第75話　相手を見てムキになっている人

　相手を見てムキになっている人に気がついたりしませんか。何ともいえない不愉快な気持ちがしますね。
　また、それが自分に向けられているとなれば一層のことです。

　その人物が相手に勝ちたいとの思いを持っているからこその振る舞いだとするならば、それは既に負けていてのことであるということを知ったほうがよいのでは。
　そのことに早く気がつくことが必要ですね。
　だから、いくらムキになったとしても何ら意味のないことにあるのです。
　それを傍から見ていても、決して良いものではないと思われ

ていますしね。

　周りから面白がられているのは悲しいことではありませんか。
　そのような振る舞いのある時のあなたに声をかける人は少ないと思います。
　それに、何よりも、貴方の感じているようには少しも相手が感じていないで、相手が競争相手として貴方を選んでいないとしたならば、貴方はどれほどに惨めではないですか。
　ほぼそうなのですよ。

　その事が貴方の人生ではないとしなくてはなりませんね。
　ではありませんか。

　それよりも何よりも、周りに不愉快な雰囲気を感じさせてほしくはないのです。
　それが、自己主張として存在感を強調するとは何とも軽薄といえるのですが。
　どう思いますか。

　それは自分を見ていれば判るはずですよ。
　勝ち負けは自分の心の問題に過ぎないのです。
　そうは思いませんか。
　自分に勝つことではないかと思いますがね。
　もっと自分を大切にしなくてはならないのですしね。

　勝ちたいという思いに負けないでください。

そうあってほしいのですが。

第７６話　人の死に出会ったとき

　人の死に出会ったとき、貴方はその事をどのような思いで受けとめますか。

　一人の人の人生が終わりを告げたわけです。
　悲しみと、寂しさの中に自分の身をおくだけでしょうか。

　どうでしょうか、その時にこそ、その人の生きた道をもう一度振り返って、その人の生き方やきっとやり残したであろう数々の思い出と共に、これからの自分の生き方の力に加えることにいただいては。
　大いなる教訓が含まれていて、教えられることがどれほど見えることでありましょう。

　もう一度自分の今を見つめる機会に置き換えることで、本当に人の死を尊厳をもってのお別れとなるのでは、と思います。

第７７話　やることがあって与えられる者は長生きする

　「やることがあって与えられる者は長生きする」
　このことは当然人の役に立つことでもあるわけで、寂しさは

人の死を早めることに繋がっていて、そのことを解消させることなのです。
　今をどう生きるかと考えることがあれば、一度このことに思いを向けてみることです。

　どのような事でも良いわけですから、日々の生活に向けて小刻みにやることを探すことで、その姿勢に物事と動きが起きてくることを一度経験してみることでどうですか。
　そうすることで、心豊かな生き方が見つかるならば嬉しくはありませんか。

　やる気がその事を起こすのかもしれませんし、気力を持ってみれば必ずことにぶつかっていくものですしね。
　その意気込みに対して、もし見ている者がいれば、そのような機会を得られるのではないかと考えられますが。

　今からでも遅くはないのです。
　気がついた時がいい時と考えることです。
　貴方の命にとっての考え方とあれば、きっと理解することになるのではと思います。

第７８話　己の心を練れば顔が変わる、顔が変われば声や姿も変わる

「己の心を練れば顔が変わる、顔が変われば声や姿も変わる」

第78話　己の心を練れば顔が変わる、顔が変われば声や姿も変わる

　本当にそうであるとするならば、人によっては常にそのような目でみられていることでは。
　大変と思いませんか。
　しかし、本当だとすれば、これは心せねばなりません。

　声紋というものがあって、その人の印象をものがたるのも確かなことです。
　聞きやすい声であったり、快い印象を受けるものであったりと、その人の生き方までもが感じとられてしまうこととなるのも確かにそうです。
　それはその人なりを感じさせるといえますね。

　それならば、やはり心せねばならないことではありませんか。
　印象の良いものならば人生そのものが好転するキッカケに繋がるかもしれませんし、その人なりの生き方は確かなものとして見えてきますしね。
　とても大切なことです。
　これは生き方の目安になりませんか。
　そう受けとめることで、生き方そのものの目的ともなってきませんか。

　そこでですが、先ずはものの言い方であったり、声の高さであったり、その時の感情をいかに表現するかなどから気をつけてみるのもひとつかもしれませんね。
　心を練るとはこのようなことでもあるように思いますね。
　気をつけるだけでもかなりの成果は起きていくのではないか

と思いますね。

　内面からの輝きほど素晴らしいものはないのでは。
　その人にのみ与えられるものですからね。
「声は魂、目は心の窓」ですかね。

第７９話　自分の心が大きくならなければ終わりだ

「自分の心が大きくならなければ終わりだ」
貴方はこのことを理解できますか。
言われてみればそうなのかもしれないと感じませんか。
気がつきませんか。
何事においても心の動きによって物事は決まっていくわけであって、そのためにもこの事はかなり大きなことでありますね。

　判断を持つことにして事の解決は行われるのですし、また物事の理解は心の大きさの作用によって違ってきますし、それは器の問題と発展しませんか。

　心と器とは関連していることにあるように思います。
　このことにして如何に心を磨くかであって、その事で見ていけばこの事は解決していけるのではと思いますね。

　器が大きいとか小さいとか、また心が広いとか狭いとか、日頃から耳にすることですね。

心は、すべてがこのことにつながっていくのですよね。
　やはりそうなるとすれば、心を大きくしなければ終わるかもしれませんね。
　心が大きければ多くのことを自分のことに出来ていきますし、何より物事に振り回されることの幅が小さくなるわけで、無駄な力が必要ではなくなるわけですからそれだけ大きなものを身につけることになっていくというわけで。

　水の流れに例えればよいでしょうね。
　大河に向かっていく様子がはっきりと見えませんか。枯れる水とはなりたくないですからね。

　そう思ってみませんか。
　貴方が終わってしまう前に、そして終わってしまわないために。

第８０話　問題が相手と起きたときに

　問題が相手と起きたときに、貴方はどのようにしてその問題を解決させますか。

　例えば、苦しみに心を痛めるだけで、どのようにすればよいのかさえ見つからないで、悶々とただ時の中でじっと苦しみに振り回されながらいますか。

それならば、どうしても解決させなければならないとするのであれば、その問題が直接起きた相手と向き合うことでしか絶対には解決しないということを、貴方は知ってほしいのです。

　たとえ周りの者にその状況をぶつけたとしても、どのような経緯であったかを見ていないわけですから、一方的な答えでしかなく本当の答えにはならないわけで、決して貴方の満足のいったものとはならないのです。
　ただただ一時的な慰めにすぎず、また、そこから新たな悩みを引き起こして、ことを広げては、益々解決のつかぬことで悩みを大きくするだけですしね。

　それは、やはり勇気をもって立ち向かうことではないですかね。
　一歩踏み出してみては。
　なぜならば、自分の思っていたこととは違っているかもしれませんし、思い過ごしであるかもしれないですし。

　何よりも大切なのは、自分の気持を相手に伝えることができることです。
　もし、互いに誤解であったとするならば、貴方にとって今のやり方ではどれほどの失望か計り知れないわけです。

　この方法で解決せぬことはないと思ってください。

　貴方の人生に一つ大きく前進の機会が成立できたのですから、それだけでも良かったわけです。

「物事とは起きたことが素晴らしい」と考える考え方もあると思いませんか。

第81話　自然にしていれば答えと繋がる

「自然にしていれば答えと繋がる」ことといえば、何を言っているか理解することは簡単と思いながらも、ふと、考えることになるはずです。

「自然とする」こととは、自分の思いのままにしていることかといえばそうでもなさそうです。
　むしろその逆で、静かにし、そして、あまり動かずに自然の中でそれと共存し、自然のエネルギーを味方につけながら過ごすことでもあるのです。
　かなり窮屈にして退屈でもあるように思われるのですが、しかし、そのことで自分の今の姿を知ることこそ、また自然と成っていくものであるのです。
　その姿が自然と言うのです。

　また、何よりもそこには、自然との出会いのチャンスの訪れも生まれ、何が今の自分にとって最も必要かも必ず見えはじめるはずです。
　それこそが自然であり、そしてそれが向こうからの動きを作ることにもなるとするならば、正に自然のたまものではないかと。

そうなのです。
それこそが「答えと繋がる」方向と見られることなのです。

如何ですか。
感じてもらえたかですね。
そうであってほしいのです。

何よりも大切なのは、自由でないとすることに耐えることなのです。
きっと貴方ならば出来るはずです。
経験してみては如何でしょうか。

きっと良い答えに出会うはずです。
それは、自然の中にいて自然としたものにある方法といえるのではないですか。
これで繋がっていきませんか。

第82話　人間とは自分の業によって自分に振り回されている

人間とは自分の業（ごう）によって自分に振り回されているのであって、決して他人に振り回されてはいないことに気がつかなければならないのです。
修行とはその業をいかにして取り除くかではないかと思います。
そうではないでしょうか。

第82話　人間とは自分の業によって自分に振り回されている

　困ったことに、どうやってもその事は、自分でもどうすることも出来ないのが悩みではありませんか。
　わかっていても、また、その事に動かされながらも、そのままにしながら繰り返しなされているのです。
　本当に困ったものですよね。

　ただ、その事に「気がつくか」「気がつかぬか」の違いは大きいのではないかと思いますね。
　全開とコントロールされるのとではかなり異なったものになりませんか。
　少しは楽になると思いますね。

　その違いに気がつくことは貴方の人生に大きな変化を起こすことになるのですよ。
　その事で方向が決められることに気がつくならば、異なった物事に見えてくるはずです。
　それが出来れば苦労はないということですよね。

　それならば、どうすればよいかを知りたいわけであって…ならばですが、簡潔に言えば我慢ではないでしょうね。
　耐えるとか、苦しむのとは少し違うと思うのです。
　自分に勝つでは直でしか。

　それは、毎日の中にその訓練の場とありますから、なんら改めて場を探す必要はないわけで、日々心することによって貴方の気持ちは解消されませんか。

どう思いますか、と考えることにしてもらいたいのです。

業と信念の違いもここで知っておきたいですよね。

第83話　やりたいようにやれるとは、努力の中にしか生まれぬ

　やりたいようにやれるとは、努力の中にしか生まれぬのであって、それがためには一つ一つの小さなことを積み重ねることに違和感を持ってはいけないと思いませんか。
　このようなことを面倒としていては、貴方は折角の自由を見捨てることになってしまうと気づいてほしいのです。

　目の前にやるべきことは山積みになって貴方を待っているのに、それを見落としていて、やらなければならないとの思いを何時も心に引きずりながら、それを感じるだけで放り投げたままにあって、それが少しも整理できぬまま、気にしながらとなっていては当然そのことから解放されず、何時まで経っても貴方の中から解決できないのですからね。
　気になることが日々の生活の中で解決してこそ、そこから何かやりたいような感情が沸き上がってきてはじめて、思う存分に出来るということになりませんか。

　やるべき事をしっかりと果たすことであって、それが「運をつかめる人は偉い」につながっていき、そのように自分の運を

生み出していくわけで、それは、やはり人のやれぬことをやっている人物にあってのこととなるかもしれません。
　やっていることが平凡に見えているにもかかわらず大成功を収めている人の姿に似ていませんか。

　このやり方で、一度心してみてはどうでしょうか。
　同じことの繰り返しこそ、貴方が力を身につけ、そして貯えることで、自由にやろうとすることが思う存分に達成できるだけの力を持つことでは。

　やりたいことをやっていては必ず限界が来ますしね。
　そう思いませんか、ですよね。

第８４話　生き物とはどのようにしようとも他の　　　　　　　生き物に変化することは永遠に出来ない

　「生き物とはどのようにしようとも他の生き物に変化することは永遠に出来ない」ことだと分かっていることを知っているつもりが、そうではなく、懸命にその事から逃れようとする様を人間は求めてはいませんか。

　どのような生き物でも、手を加えずしては醜い姿だけに姿を変えてはいませんか。
　真っ直ぐに伸びた木でさえも人の手が加えられたものであるのですからね。

かなりの努力と時間が必要ではないですか。

何を「言わん」としているかを読み取る力こそ大切になりませんか。

第85話　人の心の中には心の目があるという

　人の心の中には心の目があるという。
　判っていそうで なかなか判りにくい言葉でもある。
　そこで、ものごとを頭で考えるのではなく、もっと心でものを見るべきではないか、との解釈をしてみてはどうなるだろうか。

　頭だけになれば、どうしても冷静な―冷たい印象との判断になりやすく、理屈でものを伝えようとする見方が起きてしまう。また、理論的になりやすく難しい解釈を強いられているようになってしまう。
　それが心となることで、暖かさや優しさに変わるのではないかと思いませんか。
　かなりの違いになるのでは、となりますよね。
　それにもまして、思いやりとか労（いたわ）りをもって向き合える…大きな違いが起きませんか。

　ただし、どちらに偏っても、ものごとの解決にはならないかもしれないわけで、やはり、どちらをも上手く、その問題に適した使い分けをもっての生かし方が必要になるのではないかと

思いませんか。
「飴と鞭」となりますかね。
その時々に、しっかりとした判断をもたされるものだと思いますね。

これが出来ることで、かなり人との向き合い方が判ってくるように思いますね。
また、問題の解決をいい方向にもっていけるのではないかと思いますね。

難しいなどといわずに生かせたらいいですよね。
心するだけでも、大きく異なった意味は起きてくると思いますのでね。
一方的にならないためにも大切なことだと思いますが。

どうですか。
心してみませんか。

第86話　良心

「良心」
これほど大切なものはありません。
これをなくすことによって全てのことは失われてしまうからです。
恐ろしいことなのです。

常識や道徳心などが失われていくのですから、想像しただけでも恐ろしいですね。

　なぜかといえば、「良心」は人間に最も求められる、また、人間であることのそれは証でもあるからです。
　これを失ったとき、人ではなく動物化してしまうからです。
　どのようなことをもしてしまうからです。
　本能に打ち勝てなくなってしまいます。
　思いのままに行動してしまうのです。
　感情だけがそのまま先走りするのです。

　このようにならぬために、「良心」とは貴方を守っていることなのです。

　どこにいても必ず貴方を見ているのです。
　絶対に貴方を見放さないのです。
　となれば、そのことは貴方を守ってくれるものでもあるのです。

　良心に従って過ごすと。
　苦しくなったときに、このことに思いを向けてみると必ず答えは見つかるものなのです。
　大いなる解決を教えてくれるのです。

　これほど素晴らしいことはないはずです。
　誰に質問せずとも、貴方の悩みを必ず聞いて、最もよい解決を促してくれるのです。

自分で解決させることができるのです。

素晴らしいことですね。
大切なものを大切に出来ることですかね。
今一度、心してみてほしいのですが。
貴方にとって最も大切なものになるはずですからね。

第87話 「一人になれるときこそが自由である」との思いを普通はもちませんか

「一人になれるときこそが自由である」との思いを普通はもちませんか。
このことを、貴方はどのように解釈しますか。
その質問を愚問に思いますか。
今更ながら知っているものと考えますか。

「誰もいないところでの自分」と理解しませんか。
しかしそれは、あるときには孤独の中にあって、むしろ色々な想いにふりまわされませんか。
例えば、何かを思い出す―過去にあった出来事や、また過去に出会った人とのことなど、それも良くないことの内容が多かったりしませんか。
その瞬間、貴方はもはや自由を奪われていることに気がつきませんか。
それに、いまは縛られてしまった中にいることでは―その事

と言えるかですよね。

　面白いことに、大勢の中にあってこそ一人を意識でき、また自由であり得ることを感じることができるのです。
　それは、貴方の周りには今は人がいて、それが同じ仲間であったりするならば、孤独ではなく安心なる状況にして心に余裕すら感じ、そうしている時にこそ瞬間で一人を意識できる状態と向き合えているとなったときこそが、本当の一人を感じることにあるのです。

　時より、人は一人になりたいとの思いを感じることが起きますね。
　「何とかして一人だけになることを」としなくても「何時でも一人になれる」ことに気がついてほしいのです。
　このことを知っておくだけでも、大いなる価値はあると思いませんか。
　焦らず、騒がず、そして余裕をもちながら心置きなく生活出来ていけることになりませんか。

　心の持ち方とは、このように見えてくることを多くしていきながらであれば良いなとは思いませんか。
　如何ですか。
　このように当たり前のようにして、思い方が勘違いであったりすることは多々あるものだとの意識を持ってみては如何ですか。

　きっと楽になり、自分を追い詰める必要がなくなるのではな

いかとの思いです。

第８８話　人が変わった

「人が変わった」という表現がありますが、そうではないのです。

　変わることは簡単ではなく、又なかなか変われるものでもなく、変わる必要のないものもあるわけで、変わったように見えるのは、変わったのではなく、その人の今まで被っていた「埃(ほこり)」─敢えてこのように表現します─が、努力によって力がつき、その事によって払いのけられてその人の本質が現れただけなのです。
　いわば、その人の本当の姿が表に現れただけなのであって、実はその人物の本物のところが引き出された姿なのです。

　では、どのようにすればよいかですね。

　一度心を無にすることですね。
　余り自分の中に自分を置きすぎないこと。
　よく外を見ること。
　人とのかかわりを大切にすること。
　または学ぶこと…
　何でもいいのです。
　とにかく常に何かに目を向けることです。

その事から今の自分を知ることができる。
　それほど素晴らしいものが自分の本当の姿であるのであれば、やはりその姿でいたいですよね。
　是非貴方の本質を知るための努力を怠ることのないようにあってほしいと思いますね。

　どんな自分を見るか、そのためならばどのようにもやれることだと思いませんか。
　努力ですね。
　きっとあなたの本質は誰にも負けない素晴らしいものであることを知ってほしいと思いますね。

　人生の方向が見えてきませんか。
　素晴らしい貴方に出会えるといいですね。

第８９話　心配をするあまりに先暗示をしてしまい

　心配をするあまりに先暗示をしてしまい、その事が習慣となり、ひいてはそれが性格にまでに―としてしまうとは、なんとも辛いことですね。
　それは、時としてそのなかには欲が強くはたらいているからではと、考えられぬことはないですか。

　欲とは、どのようなことを指していうのかは、かなり範囲の広いものですが、どれもこれもであったりしますし―

第８９話　心配をするあまりに先暗示をしてしまい

　それならば欲はいけませんかと言われそうですが、欲は持ち方にあるものです。

「こうなるといい」とか「こうなりたい」と思うことは、大切なことではあっても、それを今すぐにでも叶わせようとしてしまうことが欲になるわけで、思うようにならないことが苛立ちの一つになりがちです。
「どうなるか」との考えとしての心の動きであることですから、黙々と日々を決してあきらめる事なく、そうなりたいことの希望を持ちつづければ必ずかなっていくものなのです。

　そうであれば、心配や先暗示は必要ではなくなりませんか。

　何事も知ることの大切さといえませんか。

　如何ですか。
　安心できましたか。
　それならば良いのですが　そうなって欲しいと思います。

　先暗示しますと足元が見えなくなってしまいますしね。
　如何でしょうか。
　心配性にならないでくださいね。

第90話 人は、自分を信じてくれる相手に大切とする思いを強くするものである

　人は、自分を信じてくれる相手に大切とする思いを強くするものです。
　信じるか疑うかは本当に難しく、疑いはじめるとすべてのことが悪いことに思えて、少しも良い方向に見えなくなり、物事すべてが疑いの目になってしまうことを貴方も経験していませんか。

　そうなってしまうと大変です。
　一旦そうなると、その事にとらわれ始めて一向に物事全体がはかどらなくなり何も手につかず、自分の苦しみが相手のために起きたことにあるとして、どちらをも責めることに心がとらわれる。
　果ては恨みにまで発展させることになりかねません。

　どうですか。
　あまりにも辛く、また醜い自分と向き合わなければならなくなることです。
　それは不幸のはじまりといえませんか。

　それであれば、言葉そして行動すべてを信じることから相手をその心と目で見ることにする。
　このことも、その事から全てのことが信じることの方向に向ければ、全てのことが逆に信じられることに見えてくるのは誠

のことですからね。

　貴方が疑ったことが、もし、真実であったならば貴方はどうしますか。
　相手を傷つけたことになるのですよ。
　そうは思いませんか。

　もし、それを貴方が受けたことであれば、どれほどの気持ちになるかで相手の気持ちを理解できませんか。
　なれば、やはり信じることが如何に大切であるかと思いませんか。
　自分の判断のやり方に一度気がつくことが、どれほど方向を変えていくか、と思うことで、これを機会に努力してみてほしいのです。

　貴方の幸せのために、また良い人生を送るために、どうしても心を大切にすることを磨いていくべきなのです。
　心の向きが貴方を幸せと導くこと。
　大切な相手とあれば尚更そうでありたいものです。

　貴方自身を大切にするためにです。
　やり始めると思いのほかやれるものですよ。

第91話　夢を実現させるには

　夢を実現させるには、諦めないでいることです。ではそのことをどうするかの方法を見つけなければなりません。

　何よりも準備ですね。
　いつチャンスが訪れてもいいようにしておくのです。
　夢に対して何が出来なければならないか、また何が必要であるか…など、見つけることが大切なのです。

　まずは何よりも力をつけなければならないわけです。
　こつこつと力まずに気がつくことから、目の前に置かれた一つ一つを手がければよいのです。
　特別なことではなく、単純にしてのことですから飽きることなく黙々と実行するのです。
　継続は力なりとして、必ず知らぬ間に力をつけることになっていくはずです。

　そのようにあれば、貴方の夢が貴方から離れることがなく、常に貴方の心に染み付いていくのは当然ではないですか。
　長い道になるかもしれませんが、もしそうであっても、それによって貴方のなかから夢が消えることはないのです。

　どうですか、貴方の夢が実現するのが見えてきませんか。
　必ず貴方を見ているものがいることを忘れないで頑張ってほしいですね。

第９２話　やる前から悩むのは力不足にある

　やる前から悩むのは力不足にある。
　普通は「当たり前」と思うことですよね。
　しかしながら、そのことが何よりも行動を躊躇させてしまう「最も邪魔なる思い方」とあっては困るわけです。
　それと、実力が発揮できずに自分の力の何分のいくらしか出せずに終わることを予測し、そう思ってはまた悩みを繰り返しているのです。

　であれば、まずは自分を信じてみてはどうですか。
　悩んでいる間にやってしまうことからで、実行に移したほうがよくはありませんか。
　なぜならば、まず自分の今を知ることではないですか。
　どのくらい出来るかです。
　問題に向きあうことで自分を知ることになりますから、そのことから次の判断により、考えることに繋がるわけです。

　悩むとは、自分の実力以上に見せようとするからであって、素直になればいいのです。
　謙虚にこれでいいとして、まずはじめてみるのです。
　「案ずるより産むが易し」とも言いませんか。

　やってみれば思いもかけない結果を生み出してしまうかもしれません。
　悩む時間を、また次に使えることで貴方はどれほど豊かにも

のを手に入れられるかと考えればどうですか。
　それは日頃からの訓練によって克服できるはずです。
　如何ですか。

　これからは、この事で恐れることなくやれますよね。
　どうですか。

第93話　やってみなければ己の力は見えてこない

やってみなければ己の力は見えてこない。

　想像だけでは物事は見えてきませんね。
　憶測であったり、詮索で正当化したり、勝手なことにして動かずに頭だけが大きくなり、先走りしてそれで納得したり、これまでの自分の考えだけの狭い知識を対象に満足したり…
　それでは、独りよがりでしかなく本物としてではない。
　自分を勘違いのままで自己評価に終わっていることに気がつかぬ
　…とあっては、そのうちイザという時に大変なことになりかねませんよ。

　そうですよね。
　そのままでは何の意味ももたぬわけですから、その前にやはり自分の目で確かめる必要性が起きるわけです。
　自分の判断力について、それだけ既に価値を持っているのか

です。
　それこそが、自分の判断力が出来ているかを見られるわけです。

　何事においても直接物に当たると、そこで自分が必ず見えてきますので、その時にこそ自分が何たるかが──いわば、今の本物の力の範囲が見えてしまうし、その事で如何に学ばなければならぬかが知れるわけです。

　自分を知ってこそ、己の考えを維持できることになりませんか。
　勝手な判断は己を小さくしてしまいませんか。

　そのために、必ず物事とは「自分を知ることから」でなくてはならないのです。
　力を過信しすぎることは危険ではないですか。
　貴方がそのように思うならば、貴方の力は本物であると思いますね。

　自分の本当の力を知ってほしいですね。

第９４話　表面とは氷山の一角というのと似たりである

　表面とは氷山の一角というのと似たりである。
　見えぬところのほうが大きい。

　常に日々、何かと問題に遭遇するのであって、まず目の前に

見ることだけで往々にして判断しがちです。
　思いこんでしまって、慌ててはそれで振り回されることになりやすく…
　例えば、貴方は出会う人物のことを見た感じだけで決めつけてはいませんか。それで何がわかったかですしね…ではないですか。
　夫婦でさえも全てを理解とはならないのですから、やはり全ては深いものであるわけです。

なにが言いたいかですが…
　ゆえに、目先のことだけで、あるいは見える部分で、または面だけで物事を判断し窮地に追いやらぬことだと言いたいのです。ゆっくりと時間をかけながらじっくりと問題に取り組んで、落ち着いた判断を求めたいということなのです。

　これで貴方が少しでもゆったりとした気持ちで問題に向き合ってもらえたならば、貴方は思い通りにことが運びやすくなるはず。

　解決のつかぬ問題を抱えたならば、一度このことを思い出してもらえたら…と伝えたいですね。
　何よりも、勝手な思いこみにならないでほしいものです。

第95話　苦しみを苦しみとするのは、判断できぬことから起きるのです

　苦しみを苦しみとするのは、判断できぬことから起きるのです。

　苦しみとは貴方にとって何であると思いますか？
　それは、貴方を知るためのものであるとの思いをもったことがありますか？
　きっと無いのではないかと思いますよ。
　何故ならば、そうであるからこそ貴方は苦しむわけです。

　苦しむことが起きることを幸運などと言えば、きっと反発を感じるでしょう。
　しかし、それは生きることのために為されることが見つかっていることの証ですから、立ち向かう課題が見つかったわけですから素晴らしいことなのです。
　そう思う、思い方もあるということです。
　もう少し冷静になることから向きあうことですから、先ずその事を心するとよいのです。

　一旦、先ず落ち着きなさい。
　そうすれば目の前のことがハッキリしてきますから。
　そこからしっかりと現実を見つめ直し、そうして与えられた状況をしっかりと受け止めるのです。
　決して逃げてはなりません。逃げれば追いかけてきますからね。

じっくりと取り組んでみることです。
　そうすることで、苦しんでいたことが愚かであったことのようになるのを感じはじめるのです。

　苦しさを見てこそ、そこから逃れたいと思うから色々なことを考えるわけであって、漠然とした生活の中からは決して見出せないようなことを感じ、そして見えてくるからこそ幸運なのです。

　如何ですか。
　少しは楽になりましたか。
　苦しみをもちながら見ることで貴方は大きくなれて、その事から次の課題に出会えるのです。

　決して諦めることはないのです。
　受け止めて、そしてやり抜いてください。
　その時に、貴方は自分のことを好ましいとなりますから。

第96話　失敗するだけ、チャンスはそれを得られた証でもある

　失敗するだけ、チャンスはそれを得られた証でもある。

　失敗を恐れるものは成功しない。
　正にそうであるわけで、それすらない人生もあって、それで

は余りにも惨めであるわけです。
　何もないほど力のなさを思い知るとして考えることで、自ら失敗を乗り越える意味を持つのではないですか。
　そのことは、必ず血となり肉となって、知らぬ間に貴方を大きく育てていくはずなのです。

　そのことを知るには、次に向きあう課題によって知りうるわけですから、決して躊躇することなく勇気を持って受け止めそして失敗を修正しながら自分とも向き合い、どのような自分に会えるかと意識しつつ前に進むことになるのです。

　どうですか、楽しみになりましたか。
　人生とはこのようにあるわけで、くよくよする前にしっかりとした心でいたいですね。

　どうですか、勇気が湧くでしょう。
　思いきって一歩を踏み出しませんか。

第97話　目的を完結させるには流れをつくり出すことにある

　目的を完結させるには、流れをつくり出すことにある。流れとは物を運んでいくわけですから。
　但し それは簡単ではない、として悩むことになるのです。

それでは、如何に、それをどうすれば上手くいくかですよね。

先ず、何とかしようとしてはいけないのです。
それは流れの方向を変えてしまうからです。
流れを止めてしまいかねないからです。
それですから、何よりも静かにして流れの状況をよく見ることなのです。
今、何をどう受け止めるか。
冷静にしてゆったりですね。決して焦ってはいけないのです。

そして、今、気がつくことから手がけていくのです。
其処に必ず必要となることに気がつき、そしてそのことが見つかったことで、そのうえで必要な人材にも出会わなければとの判断が生まれ、必要なものを手にすることが何であるかを知るわけです。

それが流れであるわけで、目的を必ずとしていけることなのです。
流れが出来ることによって流れを生み出すわけです。
そうして、思い通りに運ばれていくものとなります。

如何ですか、感じますね。
そうであろうと。
ですから、どうしても流れが起きぬ時には目的の完結は難しいものになると。

それで、やはり流れを如何につくりだすかに全てがかかっているということになるのです。
流れが出来ることは、目的が必ず達することは間違いないとなるのです。

　如何ですか。
　流れが貴方を目的に運んでくれますよ。

第９８話　生きていたらいつか「いいこと」がある

　生きていたらいつか「いいこと」がある。

　「いいこと」とは何であるかですよね。
　考えたことがありますか。
　漠然としていませんか。
　毎日が同じことの繰り返しで、特別なこともなく平凡であることから抜け出したいのか、今目の前に起きている問題を苦しみとすることに対してであろうか。
　どうでしょうか。

　まずは、今生きていることを幸せと考えることから受け止めてみませんか。
　そして「いいこと」と思うことに対するものの考え方に取り組んでみてはどうですか。

何事もなく、ただ思いのままにあることを「いいこと」というのであれば、それはかなりつまらないものでは。また、それはそれを問題とするのでは。
　なれば、問題を抱え、それを苦しみとして悩むよりも、また苦しむのではなく…これを如何にして乗り越えるか、それはあなた自身に力をつけるべく与えられたチャンスと受け止めてみては。

　いくら大きなものを得たとしても、貴方自身にそれを受け止めるだけの器と力を持っていなければ、また、それが苦しみとして悩みにつながりませんか。
　そのために、力をつけ器を大きくするために与えられたこととして取組む—それこそがチャンスなのであって、苦しみや悩みとにあるものではない、と理解するのです。
　弱い自分に打ち勝つための課題であると考えることになれば、それを乗り越えたときの喜びや自信を感じた時こそが、充実した満足感で感じ取ったとなれば、悩みや苦しみはないことを知るはずです。

　「いいこと」とは如何でしょうか。
　折角のチャンスを逃さぬようにしては如何ですか。
　悩み苦しみは、貴方にとっての栄養剤かもしれないのですから決して無駄にしないでほしいのです。
　必ず乗り越えられることを自らの力で知ることになりますからね。

苦しみとせず悩まずに、その前に一度このことをやってみませんか。
きっと本当の答えが見えてきますからね。
チャンスを無駄にせぬように、と思いますが。
「いいこと」を求めるだけでは解決にはなりませんよ。

第９９話　幅広く物が見られるように経験とはあるのです

　幅広く物が見られるように経験とはあるのです。

　そうは思いませんか。
　しかし、その経験の機会こそが求められるものであってもなかなか多くはないのが悩みです。
　そうして、どうすれば望みのままにいくのかと思っても、それは難しいとして終わらせてしまうのが多いものです。

　であれば、何も気にかけないままにしておくことよりも、一度経験を求めることの意識を強くしてみるのもよいと思うのですが。
　何故かといえば、それによって今まで気にかけずにいたことに気がつくようになりませんか。
　そして、思いつくことに気が向きはじめ、見逃していたことをチャンスとすることになるキッカケを掴むことではないかです。

　何よりも大切なことは面倒がらないことです。

そして嫌がらないことです。
折角の機会を自らの手で失わないことですからね。

どのようなことでも楽しみながら受け止めることで乗り越えてみてはどうですか。
折角のチャンスですからね。

それは貴方が大きくなるために、広く物が見えるようにならんがために、約束にあるわけですから嬉しくはありませんか。

チャンスは貴方の人生に絶対のものです。

第100話　自然にしてなるものこそが本物であって

　自然にしてなるものこそが本物であって、意識的であるものとは本物とはあってはならぬものなのです。
　ということは、確かに経験することではないでしょうか。
　それは自分の本当の姿になりにくいことで、失敗することが何よりも後悔することに繋がるからです。

　意識とは、相手に対して意図的なものがあって、その事で自分もそして相手にも傷つけあうことの感情の働きかけであるわけですから、良いわけはないのです。
　また、自然なもので接することの出来ぬものについては、自信のもてぬものでもあるわけで、それが原因となっていること

が多く見られるものではないですか。
　そのような状況にして、物事の成立、あるいは成功などありえないものとして考える必要があります。

　ならば、その事が意識をもっての行動であるときには、今一度考え方を見直し、それからの行動にしなければ無理なものと判断するのがよいかと思います。
　また、意識することで自分を小さくしていることに相手は感ずるものであることを知っておくことが望ましいのです。

　無理のあることは、やらぬがよしといえませんか。
　自然であることほど美しいものはない、と知ることです。

　如何ですか。
　これからのことが流れよく運ぶことこそ、貴方の願いであるはずですね。

第101話　確実にして達成し人生を自分のものにしていくのは

　確実にして達成し人生を自分のものにしていくのは、その間をどう生活し、どう努力を向けるかが重要なテーマとしていくのである。

　「その間の生き方がその者の人生を決めてしまう」とまでに

あるとしたならば、貴方の今はどうですか。
　これに当たるような生き方ができていますか。
　自分を持て余しながら愚痴だけを言っていませんか。

　その時間は何のためにあるのかと思うと、どれほど無駄にしているかと考え、気がつくだけでも大切ではないですか。

　一度このように、自分の今を如何にあるかと考え、そして見直して見ることでどうですか。

　必ず達成し、人生を思う存分に謳歌してもらいたいですね。

第102話　苦しみやそして悩みとは貴方の力を知るためのもの

　苦しみやそして悩みとは、「貴方の力を知るためのもの」ということを理解するにはどうしたらいいかですよね。

　例えば、いじめにあうことも、それは本当に大きな悩みにあって苦しみですね。
　それは、相手の弱さがなせることです。
　決して強いのではないのです。
　また、努力せずに自分を有利に立たせたいとの思いにあるだけなのです。
　自分を目立たせたいとする行為なのです。

また、今の自分を楽にせんとするもの。
力をもなくしていることでもあるのです。
相手に既に自分の負けを感じることが、いじめることでしか解消できないのです。
相手を決して認められぬとの行為なのです。
勝とうとする無駄な行為なのです。

心ない姿にあって醜いのは、自らを振り返ることなどまったくせず、より、その事に自分が振り回されていることすら気がつかぬまま、ますますその事を強めることだけを生きる場としているのですからどうしようもありません。
弱らせなければとの飽くなき行動に日々あるとは、余りにも愚かなることということです。

そのようなものから自らを如何にするかとは、勝手にさせ、ほうっておき、考えないことです。
それが本当の強さといえるのですから、相手にせぬことです。

必ず見ているものがあります。
いつか必ず答えは出るのです。

それが、そのものの姿として見せられるときは必ずあるのですから静かな心でいればいいのです。

如何ですか、少しは楽になりましたか。
それならばいいのですが。

今の貴方はきっと素晴らしいはずですから、その事を知らせているのですからね。

自信をもてばいいのです。
素晴らしい貴方が其処にいるのですから。

第103話　人を疑えば逆に信頼をなくす

人を疑えば逆に信頼をなくす。
そうではないですか。

それは、己の力のなさを言っているようなものですから。
何よりも人の見る目のなさを意味しているようでもありますから。
また、相手を軽蔑しているとも受け止められてしまうことともいえますし。
とりようによっては傲慢に見えたりするなど、かなり印象の悪さを植え付けることになります。

初めからそのような目で見られては、決して良い印象はもたれるはずもなく、そのために貴方の人間性に疑問をもたれてしまうとなるのです。

そのためには、日頃より人を大切に思うことを常とし、誠実に心を持つことによって、何らその必要はなくなるのです。

それには、ある程度の自信を持ちながら向き合ってみることからその事は解消されるのです。
そのためには、出来るだけ失礼のないようにありたいものです。

せっかく出会えた人物をいかに大切かと思うかではないですか。

よく言います。
「人生一体どれほどの人に会えるか」です。

第104話　失敗とは宝である

失敗とは宝である。
なぜならば、それだけ色々な出会いがあったというわけですからね。

失敗は成功のもとと言います。
何よりも問題になることとは、失敗をした後の受けとめ方であり、また解決の方法といえますね。

挫けてしまい、諦めて全くやる気を失し、その上、相手のせいにし自分を納得させてしまう。
その弱さでいいのかではなく、むしろ何がそれを引き起こしたか、その原因を追求し－見つけ出された点に対して何をすればいいかに努力を積み重ねることに集中すれば、自信をなくし

自己嫌悪に陥ることは避けられ、むしろ失敗することで大きな力を得、次の問題に対しては解決に大いなる力を発揮するだけの判断力も身につけていくのです。

どうですか。
これで失敗を恐れることはなくなりませんか。

是非、受け止め方を上手くさせていって。
それが宝であるといいですね。

第105話　心の向きによって幸せか不幸せか
　　　　　—天と地へと変化するのです

心の向きによって幸せか不幸か—天と地へと変化するのです。

これが大変難しい訳であって、それが出来さえすれば問題はないのです。が、その時の状況によって出来たり出来なかったりと、わかっているのに異なってしまうのです。

例えば、日頃は何でもないと思うテーマがその時の様子ですでに変化させては何でか…などと考えこんでしまって難しくなってしまうとあれば、やはり常日頃より感情的にならずに冷静にしてその時と向き合うようにと、日々訓練できていなければ、となりますね。

世の中はそう悪いばかりではなく、むしろ考え方一つで全てが善であったりするものです。
　己を信じれば良いわけです。

　どうですかね。
　怖がらずにいましょうかね。
　それが何よりも大切なのかもしれませんよ。

　心の向きにものは動くでしたね。
　やれていますか。
　どうでしょうか。
　自分が見えてきましたか。

第１０６話　問題と思えることが起きたとしても

　問題と思えることが起きたとしても、それは今のあなたにとって必要なことであって、でなければ逆にそれは危ないところだったと考えてみるのが安全なのです。
　それは、守られているとの受けとめ方にあれば良いのです。

　なぜならば、気がついたから良いわけです。
　まずは心配いらないのです。

　それで、何をどうすればよいかと考えることから心せねばなりません。

慌てたり焦ってしまってはいけないのです。
まず、何をどうするかと気がついたことからはじめましょうか。
また、気づくように冷静に問題と向きあわなければ、それは出来ないものですから。

本当に危ないことは、地震のように前触れもなく突然起きてくるので考える余裕を与えられません。
そして多くを失ってしまうのです。
時には大切な命までもですね。

問題であれば、まだ助かりますよね。
いかがですか。
余裕を持って、考えて、受けとめながら解決させれば良いのです。
良かったですね。それだけで済んで。

問題を問題とせぬように力をつけてください。
必ずつきますからね。

第107話　思い通りであっても怖がらない

思い通りであっても怖がらない。

不思議なことに 人間とは、辛い時、苦しい時のほうが気力が湧き何とかしようとして強い気持ちを持つものです。

そこには幸せを求め、少しのことであっても良いことがあれば幸せとしていられる自分がいます。
　これはどうしてなのでしょうか。

　あなたはどうしてなのかと思いますか。
　考えたことはありますか。
　おそらく、失うものがないし、失うものがあったとしても又次を求めようとする自分に安心していられるからなのではないですか。
　それが逆に、あまりにも順調に行きすぎると、今度はそれを失うまいとする気持ちが強く働いて、もしもとの思いを持つことから怖さを感じるのではないでしょうか。
　欲にとらわれてしまうからでしょうね。
　なれば、どちらにしても人間として、常に何かを求めずしては生きられぬものなのでしょうね。

　良いことがあっても怖がらずにいたいものです。
　どうですか。
　それは、自分の努力によるものであって自信をもっていさえすれば…の思いでいてほしいものです。

第１０８話　人を疑えば本当のものは知れぬ

「人を疑えば本当のものは知れぬ」

人を斜めから見ると、このような言い方がありますがどうでしょうか。
　あまりいい感じはしませんね。
　その上に見えないところが出来ますね。
　それが原理です。

　まずは何があっても信じることです。
　それは真正面から見ることです。

　また、そこで「後ろが全く見えない」と…。
　それは理屈ではないかですから、やはり真っ直ぐに見たいですね。
　道にあっても、真っ直ぐにあれば安心しませんか。

　長ければ、それだけ長い時間をかけられます。
　それは長い交流を意味し、それを可能にします。

　何を言いたいか、貴方ならば理解しますね。
　さすれば、色々なことが見え判ってきませんか。
　それで本当のことが知れることは間違いのないことになりませんか。
　やはり、信じることが貴方を安心に向けていきませんか。

　貴方も、そのことで必ずいい関係を生み出せるわけですから、裏切られるなどと…いけない考え方は出来る限り避けたほうがいいのでは。

そう思うのです。
心一つですしね

第109話　微妙とは

「微妙」。このことは何かにつけてつきまとってくる。

　判断に窮する、誠にわかりにくく難しい、判断を間違わぬようにせぬとならぬ…で本当に難しい。
　どう解釈せねばならぬかですね。

　うっかりすると判断を間違えることになりかねない、それによって方向が極端に変化する…ということで、そこをどうするか、手抜きをするわけにもいかぬでかなり神経をつかうことになる。
　そうせねば間違った結果をおこしかねない大変なこと。
　とても難しい問題なのです。

　何事においてもそうですが、気を抜くことのないようにであって、其処のところをどのようにするかですね。
　先ず、考えを見逃さないこと。
　粗末にしないで、丁寧に集中してみること。
　もしかすると其処が問題の分かれ目になるかもしれないわけであって、簡単にしてしまわない。
　いいもの、また悪いものを生み出すことの、何たるかですか

らね。

　このことは、あなたの生き方に連結しそうですね。
　これは高度なる知識の判断にあるわけですので、意気込んでみるのもいいですしね。
　貴方の力を知ることにしてみるために、きちんと受け止めることは、とても重要に自分を知らされますからね。

　微妙ですね。
　大切と知ったでしょうか。

第110話　人を不幸にするならば

　人を不幸にするならば、それが例えば貴方であるとするならば、不幸になったその姿を見ていかなければならないことに迫られてしまうものであることを、知る必要があるのです。
　そうですよね、
　貴方はそのことを平常心をもって見ることは、それがこれから長く続くとするならば、決して楽なことではなくなるはずです。

　常に横目で人を見て、真正面に見られない。
　心のなかに抱え込まなければならなくなるのです。
　その辛さから逃れんとして、間違った方向に自分を正当化しようと、より醜いことに深まっていくだけなのです。

やはり心をただし、真っ直ぐに堂々と人生を生きたほうがいいですね。
　いくら人を不幸としても、貴方の前には次々と貴方の気に入らない人物は現れることになり大変なことになりませんか。

　心は表情に現れます。
　貴方の輝きは影を潜めてしまいます。
　自分だけの自己満足だけにならぬように、気をつけなければならないのです。

　心から幸せでいたいですよね。

第１１１話　自然は力が味方する

　自然は力が味方する。
　それは決して自分流になりやすいところでは得られぬものであって、それでは見逃すものなのです。

　自然の力、エネルギーに対してはどれほど人間が向き合おうとしようとも決して太刀打ち出来ぬものなのです。
　また、自然の美しさにあっても、人間がどれほどの感性をもってしても、それを描き表現することはありえないほどのものなのです。
　時間をして成ったもの、無限の力によって作られたものに対して、人間の生命などは、まるで一粒の砂の如くであれば、も

うそれをして見てもわかるはずです。

　なれば、自然のなかに自分の身を素直に置き、そして受けとめ、すべてに身を任せきってこそ、その中で自分も調和していく。
　そうすることで、素晴らしいまでに凄き力によって誘導されて行くのを感じ取っていくのです。

　その勇気をどうするかで決まるものであるわけで、日々の中で自然に身を委ねる─なれば、それは己に与えられていくはずです。

　やってみてはどうでしょうか。
　自然の力に勝るものは無いですからね。
　今からでも遅くはありませんよ。

第112話　人が余裕あるように見えるときは

　人が余裕あるように見えるときは、その人物は目的や目標をもっているからなのです。

　そのことに向かって日々努力が出来ることにあると思いますね。落ち着きやゆとりになって、黙々としている姿がそう見えてくるのです。
　それによって、しっかりと足が地についた感じをさせてのことではありませんか。

いいですね。
いいと思いませんか。
やはり、「目的をもつこと」「目標をもつこと」がどれほど大切か、ですね。

何よりも、それらのことが持てるだけ真剣に生きることで見つかるわけでして、それも又、素晴らしいことになっていくわけですから、そのような人物に出会った時には自分もやはりチャンスをつくる良い機会にしなければ勿体ない訳です。
出会いにて人生は変わるのですからね。

どうでしょうか。
そのような目で人を見ることが出来れば素晴らしくなりませんか。

第113話　人を見下せば己の品位をなくす

人を見下せば己の品位をなくす。

それは、自分の行為を優位に立たせんがための行為であって、その時の様子は誰が見てもかなり醜きものに映るはずなのです。
心の醜さは体全体に必ず現れるはずです。

何のために人を見下さなければならないかと思いますか。

それは勝ち負けに関係しているのです。
　日頃の自分が何か物足りぬことを意識することを感じていて、そのところの劣等感を知らぬうちにカバーすることでしてしまうものであるのです。

　困ったことに、そのことは気がつかぬままに行なっていることです。
　ですから、気がついて欲しいのです。
　でなければ、それが貴方の性格、または素質として身についたまま周りにどれほどのに貴方の印象として見られ、それが生活を窮屈にしてゆき、悪い印象のまま人を避けさせてしまう、辛いものとなってしまうのですが。

　人を見下せるほど己はまだまだであることを意識すれば、そのことは避けられるはずです。

　できるだけ人に平らな気持ちで、また、心を持って向きあえるならば、全く違ったものになりませんか。

　日頃から自分を大切にすることであってほしいと思います。

第114話　不可能を可能にしていくやりかた

あなたは不可能と思った瞬間、その時にどうしますか。

第１１４話　不可能を可能にしていくやりかた

だめだなと思うことにはないですか。
そして、どんどん諦めの境地に陥っていきませんか。
人間の弱さが邪魔しませんか。

それでは自分に負けてしまうわけで力が出せませんね。

それでですね、まず自分を信じてみるのです。
それは、日頃からの生き方が生かされなくてはならないはずです。
いかに生き方が影響してしまうか、またするのです。
そのためにこそ常日頃から準備を重ねておくべきなのです。
さすれば、可能かもしれないとの思いに駆られる時に出会えるはずです。

そして、不可能とした時であっても全くそのままにしてしまうよりもましなはずです。
「なんだ」と言わずに、次の可能性と繋ぐことになれば、それこそが答えになるのですよ。
「もうだめだ」とだけで終わらないのです。

どうでしょうか。
言っていることが理解できませんか。

第115話　自己主張が強く業が前に押し出される人物は

「自己主張が強く業が前に押し出される人物」は、見る者から見ると、判断力のない弱い人物としてとらえられてしまいますね。

考え方の足りない印象になってしまい、また、周りとの協調性に欠けているイメージは、自分で思うよりリーダーシップがとりにくくなってしまって、孤立しての生活を強いられがちとなってしまいませんか。

その時々の考え方が出来ていないとあるわけで、そして、今自分はどの立場にあるかということすら見落としてしまっているわけで、相手に対しての自分が見えてこないということになれば、かなりまずいという状況にあるわけです。

にもかかわらず、自分を認めさせようとしてもなかなか受け入れられずに、せっかくの力が発揮できないといういらだちを感じてしまうとなれば、決して良い方向には人生いかぬことにしているのですから、少しでも早く今のそれに気づくべきなのです。

やはりこの状況は自分を苦しめているということを、一度自分にも言い聞かせる必要があると思いますね。

それに気づく者は救われると思いませんか。

自分の立場にたっての行動であるべきですね。

そう言えるべく日頃の努力に期待したいものです。

自分の立場に責任をもつためにです。

第116話　人とは何か特別な人と違ったことをしようとする

　人とは何か特別な人と違ったことをしようとする。
　それが人と異なった自分でいるとの考え違いをするわけで、それは大変な勘違いでしょう。
　それは心のなかのどこかに必ず空間ができ、隙間ができたのを後で知ることになり、何で埋め、誰かに埋めてもらいたいとなるものとも気づかぬままに、先にばかり行こうとするものなのです。

　それが後になってやり直さなければならなくなるのを知らずにです。
　先走りしたとて誰でもついて来てくれないでしょうね。

　また、勝手に人が利用しようとしても、それは自分のものでは無いわけで、それもまた無理なる注文と言うわけです。

　最も重要であり大切なのは、目の前に与えられたことにまず心すべきであって、積み重ねるために平凡であってもそれを果たすべきなのです。
　それは最も必要なことだからであって、粗末にしてはせっかくのチャンスが失われていくのです。
　何とももったいないとね。

日々の生活のまず自分の居場所を住みよい良く落ち着けるようにして、ほっとする場所があってこその人生ですよね。

　そのような思い方に向けてみてはどうでしょうかね。

第117話　飾るとは自分を誇示するだけのものであって本物とは無し

　「飾る」とは、自分を誇示するだけのものであって本物とは無し。

　「本物」とは、内なるところから発散するオーラによる美であって、むしろ飾ることによって、それは失われやすくなってしまうわけであるのです。
　ゆえに、心そして魂の輝きほど美しく絶対的なものはないのですから、自然を味方にするものであって力が発揮されていくのです。
　せっかく持っているその人の素地が失われてしまうのは残念でもあります。

　そのようにあるための日々の努力こそが求められるものですから、どうでしょうか。
　人柄とか、持って生まれた性格を大切にしながら、あるところでの手伝われるほどにだけとしたいものと思いませんか。

あなたはそれだけで美しい、としたいわけですのでね。
なんでも努力で補えるはずですからね。

「貴方の美しさは永遠のもの」にしてはどうでしょうかね。

第118話　達成感と満足感はことなるものである

　達成感と満足感はことなるものであるということで、自分を何とかしようとして変えようとするときに軌道を外れて違いが起き、方向が外れては先が見えずに苦労してしまう、ということがわかるでしょう。

　自然と調和しながらゆったりと歩くならば、確実に目的を達成していくと…楽しく心を洗われて気のつかぬことや物がしっかりと自分の眼のなかに入ってきて幸せを感じながら目的地に到達するとは本当の、目的達成だけに夢中になっていてはただそれだけのこととしてだけにすぎず、何をも気がつかぬうちにあっては意味のないこととなる。
　せっかくの目標に何の収穫もなく、達成と思っていたのに何も得られずに、なんであったかとして、また、次を求めるだけで何ら満足感などえられまい。

　満足感に対する判断を言っているのであって、一つのチャンスをいかに充実させるかということです。

第119話　幸せになれぬ者のタイプがはっきりとして見えると感じる時とは

　幸せになれぬ者のタイプがはっきりとして見えると感じる時とは、それは、ただ意味なく音を出すということ、また人を驚かすことをしてみせることにある。
　それはそれでしか自分をアピール出来ないことであって、それを勝ちたいという余りにも粗末な思い方にあって、恥じることを知らず、他に学ぶと心の中になく、何より自分の世界のみにして物事の判断がなされている時にある。
　そこには、人はその様子をただ手を離し唖然として見ているしかないのです。

　自分の中にのみしか心の向きが無く、自分の存在がいかなるものかなど知ることもせず、見ることはなく「井の中の蛙」となっているだけのことの判断にあるのですから、周りは決して振り回されることなく勝手にさせて関知しない方を選ぶが良いのです。

　相手にされぬほどみじめなることは無しですからね。
　おどかすとしても、相手が反応無くばどうなるかは想像のつくことになりはすまいかね…でいいわけですよ。

第120話　期待と希望を持ち続けるものとして考える

　期待と希望を持ち続けるものとして考えるは、諦めるとは希望ではないのであって、本物の気持ちではないわけで、自分が本当に求めているかがはっきりとするのであって、本当に求めているならば必ずそれは手にするものとならん。
　さすれば、どれほど大切となり、それを人生として自分のものとして心できるかとなるは、素晴らしいとは思わぬのかね。

　求める方向にのみ心を向け、持つことですね。
　一瞬たりとも、あってはならぬことを心に描いてはならない。
　それだけ遅れるわけで望むことを微塵にも手放してはならない。

　いいかね、それが力となるのだ。
　さすれば、実現したとき何の不足も持たぬ状態にして、その幸運を持ち続け、より一層の幸せを生きれるということになるのです。

　希望のみとする。

第121話　人間には　それぞれに持ち合わせたクセがあるものです

　人間には　それぞれに持ち合わせたクセがあるものです。
　物事に対する「感じ方」や「思い方」、そして「受け止め方」

にです。
　そのクセとするところのあり方において、繰り返しながらより強くなり、理解せず、知らぬままに深くしていくものですよね。

　今そのことをどうするかとのことにより、クセをもたずに判断することができればわかりやすくなっていけるし、そこで信じるということに対して迷いを失わせるという絶対なるものが見えてくるはずです。
　そのためには、一旦、まずは物事をそのままに信じてみればよりわかっていけるし、その上で信じるということに迷わず、そして自らを失わずにいられるということにしていくことになるのです。

　それはどこまでも信じていける試練であり、心の底からのものとなり、そこから何ごとに対しても信じられることとなるはずですね。
　クセとはそのようなものであって、あまり感心したものではないようですよ。

　いかがですか、自分で思うところがあれば、クセとは面倒なものであることを知ったほうがいいかもしれませんね。

　気がつくことから捨ててみませんか。
　そうして確実なものが見えることにしませんか。
　そのほうがいいと思いますよ。

第122話　一つの目標から目を離さなければ、どうしなければならないかが見えてきます

　一つの目標から目を離さなければ、どうしなければならないかが見えてきます。
　そのことを完成させんとすることに集中していれば、何をどうするかがはっきりとわかるのです。
　また見えてきます。
　そのことによって、今の自分はどこに置かれているかがはっきりと理解できるのです。

　これで、これからののことが見えてきませんか。
　となると、目標を持つということはどれほど重要かがわかりますね。

　目標が生きることの道につながっていくのだとなれば絶対のものとしなければなりません。
　漠然と生きるよりもずうっとわかりやすくなるものです。
　どう生きるかがはっきりと見えてきませんか。
　「目標を持ちなさい」―よく聞きますよね。
　そのことを指しているからなのです。

　今すぐに見つけてはどうですか。
　どのようなことでもいいのです。小さなことから始めればいいのです。
　今日一日の中からでもいいですよね。

今から始めませんか。

きっと知らなかった自分に会えること間違いなしですし、また、生きることの生き甲斐を見つけ出しませんか。

自分の成長を知るためにです。
ぜひ今すぐに見つけましょうか。

第123話　人とは、何故それほどまでに人の幸せに対しておそれを持つのだろうか

　人とは、何故それほどまでに「人の幸せ」に対しておそれを持つのだろうか？　「人の幸せ」に対して敏感に反応するのであろうか？

　それはまったく理解をすることが出来ないことです。
　なぜならば、「人の幸せ」を見るということ―それは自分のことでもあるわけで、そのようなものが身近にくるということは仲間は似ているということにあるように、いずれは自分のこととつながっているとしているわけで、いえ、それ以上のものがまさしく先暗示であるものです。

　信じられませんか、だからなのですよね。
　「人の幸せ」を感じとれる者には、同じだけの感情が存在するわけですから―当然にして、自分もそのようなことになるこ

とが約束ごとであるのを自らにして放棄し、むしろその反対に道をつくっていっていることに気がつかないとは…あまりにも人生を無駄に過ごしていることであり、少しも不安がらぬとは不幸なことになりませんか。

　せっかく与えられようとしていることに、自ら否定的であってはならないことを少しでも早く気がつくべきなのです。
　そのような考え方をする者の周りを見てみると、必ず不幸が寄ってくることを、あなたは知っていますか。
　改めて見てみることが必要ですよ。
　自分だけの幸せなどありえませんからね。
　人を幸せに出来ることにはばかることなどないはずですから。
　自分だけの幸せを願う者には、いずれ反動が返ってくることを知っておきましょうかね。

　「人の幸せ」とは、自分のものでもあるのですからね。

第124話　人は変われるのか

　人は「変わる」とか「変われない」とか言い、そのことを難しく考えることによって結局は変われないものとしてしまっているのですが…。
　こう考えるべきではないかと思いませんか。
　「成長する」ということ。
　そのことによっては「変われる」のではないかと―「変わっ

たように見える」ということです。

　なぜならば、考え方や物を知るということによって、判断力や物事に対する物の見方などが変化すること、そして考え方を身につけていくことによって考え方を変えられるということを身につけていけば変わっていけたようになるということ…それが、「人は変われる」となるのではないかです。
　学ばなければ成長は止まってしまいますから、それが人生は死ぬまで勉強ということが言われることにつながっていくのではないかです。
　そのことによって、いつの間にか自分の変化に気がつくことが「変わった」と言えることになるのです。

　如何ですか。
　「変えよう」ではなく「成長しよう」ではないですか。
　その考えが身につくことで、いくらでもやれることが見つかっていくものです。

　どうですか
　やってみたくなったのではないですか。
　頭を磨くことですかね。

あとがき

　十代から相談を受けてきました。
　それから今日まで来ました。多くの人に会っていくうちに、そのうちに、どの様な答えが出されるかと追求してきました。
　その答えが出たことにより纏めるきもちに出会いました。
　このたびこの出版がより一人でも多くの出会いに繋がれば、また生きるためのてだすけになろうかとの思いです。
　あなたの生きる方向が見つかればと思います。

2014.11.05

萬里一空

2015年5月29日　初版発行

著者　今村 萬里子
発行／発売　創英社／三省堂書店
　　　　　　東京都千代田区神田神保町1-1
　　　　　　Tel. 03-3291-2295
　　　　　　Fax. 03-3292-7687
印刷／製本　日本印刷株式会社

© imamura mariko 2015　不許複製　Printed in Japan

乱丁、落丁はお取り替えいたします。
定価は表紙に表示してあります。

ISBN978-4-88142-909-9 C0095